AF248486

MAISON DE VALOIS DE St-REMY

TABLETTES GÉNÉALOGIQUES

DE LA MAISON

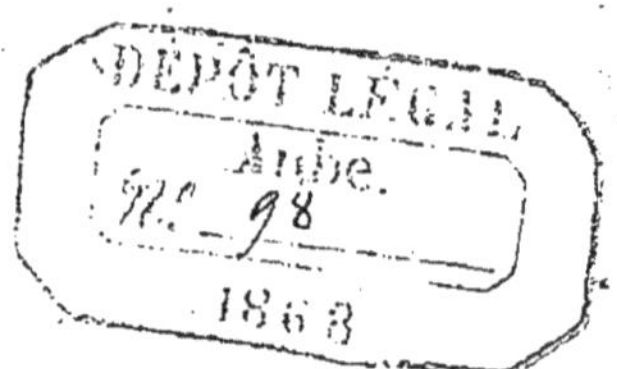

DE VALOIS DE St-REMY

PAR

M. ÉMILE SOCARD

BIBLIOTHÉCAIRE-ADJOINT DE LA VILLE DE TROYES
MEMBRE RÉSIDANT DE LA SOCIÉTÉ ACADÉMIQUE DE L'AUBE
ET MEMBRE DE PLUSIEURS SOCIÉTÉS SAVANTES

TROYES

IMPRIMERIE ET LITHOGRAPHIE DUFOUR-BOUQUOT
Rue Notre-Dame, 43 et 41

M D CCC LXVIII

TABLETTES GÉNÉALOGIQUES

DE LA

MAISON DE VALOIS DE Sᵀ-REMY

———◦○◦———

La maison de Valois de Saint-Remy, dont tous les membres, ou presque tous les membres, sont nés dans le département de l'Aube, l'ont habité et y ont eu des possessions, descend en ligne directe de Henri II, roi de France. A la vérité, c'est par un fils naturel de ce monarque, mais ce fils fut au moins reconnu, sinon légitimé, ainsi qu'il est constaté par le testament de Nicole de Savigny, sa mère, dans lequel elle déclare que le roi Henri II lui avait donné, en 1558, pour son fils Henri, Monsieur, une dot de 30,000 écus sol. Fidèle aux volontés de son père, le roi Henri III, par lettres du 13 février 1577, fit payer cette somme, par son exprès commandement, à Nicole de Savigny, et celle-ci en donna quittance le 26 du même mois.

Malgré quelques réclamations qui se produisirent à différentes époques, malgré quelques procès, notamment celui de 1733, où les habitants de Fontette contestaient à messire

Nicolas-René de Valois de Saint-Remy le titre de noble, procès qui se termina en faveur de ce dernier, après examen des preuves qu'il fournit pardevant la Cour des Aides, la maison de Valois de Saint-Remy fut toujours regardée comme issue du sang des rois de France, et par conséquent noble de la première noblesse. De plus, on le sait, la possession d'un bien et d'un droit, justifié par un laps de temps de cent années, fait présumer un titre, s'il n'y en a un contraire : *Possessio centenaria et vim tituli et juris constituti habet.* Or, de tout temps, les seigneurs de Valois de Saint-Remy ont possédé la qualité de nobles sans conteste, puisqu'aucun titre contraire n'a pu être apporté contre eux. En outre, les descendants de Henri, Monsieur, fils naturel de Henri II, ont toujours fait profession des armes, à peu d'exception près, comme on le verra dans ces *Tablettes généalogiques*, et par conséquent doivent jouir du privilége de la noblesse. Enfin Louis XVI, Louis XVIII et Charles X les ont reconnus à plusieurs reprises comme véritables descendants des rois de France de la branche des Valois-Angoulême.

On faisait encore une objection tirée de ce que Henri II n'avait pas légitimé Henri, Monsieur. La Cour des Aides y a répondu en disant qu'il n'est pas permis d'ignorer qu'avant l'édit de Henri IV de l'année 1600, les enfants naturels des simples gentilshommes jouissaient des avantages de la noblesse ; qu'en conséquence, Henri, Monsieur, pouvait non-seulement prendre la qualité de noble, mais même la transmettre à ses descendants.

A plusieurs reprises la famille de Valois de Saint-Remy a fait ses preuves :

1° Le 17 septembre 1733, à propos du procès intenté par les habitants de Fontette à messire Nicolas-René de Valois de Saint-Remy pardevant la Cour des Aides, dont nous avons parlé plus haut ;

2° En 1776, au mois de mai, pardevant M. d'Hozier de Serigny, juge d'armes de la noblesse de France, qui signe, en faveur de la branche des seigneurs de Luz, branche des de Valois de Saint-Remy, un certificat de copie conforme à la minute conservée au Dépôt de la Noblesse ;

3° Par une autre copie certifiée véritable et signée de M. Chérin, généalogiste de France, en faveur de la branche aînée des de Valois de Saint-Remy, le 10 août 1784. — Nous lisons dans un papier du temps, manuscrit : « En » 1784, au mois de janvier, la famille de Valois de Saint- » Remy, ayant recouvré les titres qui constatent sa descen- » dance de Henri II, roi de France, par Henri de Saint- » Remy, appelé Henri, Monsieur, fils *légitimé* de Henri II, » roi de France, et chef de la famille de Saint-Remy de » Valois, ils se présentèrent à Versailles pour se faire re- » connaître, et Sa Majesté Louis XVI les a accueillis avec » la bonté et la justice si naturelles à l'auguste famille des » Bourbons. » C'est à la suite de cette reconnaissance que le roi Louis XVI confirma dans ses titres de noblesse, par lettres patentes, Jean-Géraud de Valois de Saint-Remy, lui fit une pension sur sa cassette, et plaça deux de ses enfants, Pierre-Géraud et Jean-Baptiste-Laurent, à l'abbaye royale de Saint-Denis, pour y faire leurs études.

Pour faire bien comprendre la valeur du témoignage et de la généalogie des de Valois donnée par M. Chérin, nous citons, extrait des *Mémoires du comte Beugnot*, qui viennent de paraître, le passage suivant, où il est dit que M. Chérin, généalogiste des Ordres du roi, « était minutieux dans ses » examens et inflexible dans ses jugements. Il connaissait à » fond l'origine de toutes les grandes maisons... Il exa- » mina les titres des Saint-Remy et certifia leur descendance » directe par les mâles du baron de Saint-Remy, fils natu- » rel de Henri II. »

Il ne faudrait pas croire qu'avant l'année 1733, on ne trouve de trace ni imprimée ni manuscrite sur la famille de Valois de Saint-Remy. Avant l'époque fatale de la Révolu- tion de 1789, les papiers et titres de la famille étaient nombreux ; mais, comme nous le verrons, au mois d'août 1789, tous ces papiers et titres furent brûlés à la suite du pillage du château de Fontette par des bandes révolutionnaires, et, pour comble de malheur, les doubles de ces pièces, déposés à Paris, dans l'ancien couvent des Grands-Augustins, furent aussi brûlés en 1793 avec tous les autres titres de la noblesse de France.

Il ne nous reste donc d'autre document imprimé avant 1733 que l'*Histoire généalogique de la Maison de France*, Paris, 1726, tome 1er, page 136, 3e édition, où les continuateurs du père Anselme ont introduit la maison de Henri, Monsieur, de Saint-Remy.

Depuis, le président Hénault l'a mentionnée dans son *Nouvel abrégé chronologique de l'Histoire de France*, Paris, 1749, 3e édition in-4°, page 315.

En dernier lieu, le chevalier de Courcelles, dans son *Histoire généalogique et héraldique des pairs de France, des grands dignitaires de la couronne*, etc., Paris, 1822, in-4°, tome 1er, page 91, donne la généalogie de la branche aînée des de Valois de Saint-Remy presque jusqu'à nos jours. — Dans un premier ouvrage intitulé : *Dictionnaire universel de la noblesse de France*, Paris, 1820-1821, 4 vol. in-8°, le chevalier de Courcelles, à la page 307 du 2e volume, art. SAINT-REMY, semblait ne pas vouloir admettre la maison des de Valois de Saint-Remy parmi la noblesse, tout en en faisant mention. « Lors de la recherche » de la noblesse, en 1667, dit-il, M. de Caumartin, inten- » dant de Champagne, ne voulut point, par considération, » donner de jugement aux descendants de ce seigneur, » qu'il eût fallu dès lors reconnaître issus du roi Henri II, » ce qu'on ne parut point vouloir autoriser. On doit dire » aussi que le don fait par le roi Henri II, n'était pas un » motif suffisant pour établir un fait de cette importance. » En écrivant cet article, l'auteur du *Dictionnaire* ne connaissait pas les preuves ressortant du procès de 1733, ni la généalogie dressée par d'Hozier, ni celle établie par M. Chérin. Mieux informé l'année suivante, il donna dans le 4e volume de son *Dictionnaire*, page 154, un autre article où se trouvent exposés clairement, comme dans son *Histoire généalogique*, mais d'une manière moins complète, les droits des Valois de Saint-Remy.

En présence de toutes ces preuves, n'y eut-il que les seules lettres-patentes de Louis XVI, de 1784, reconnaissant la branche aînée des de Valois de Saint-Remy, comme descendants de Henri II, roi de France, la pensionnant même, on ne s'explique guère les paroles adressées par Mme la comtesse de La Motte, née de Valois de Saint-Remy (branche collatérale), à M. l'abbé Tillet, alors qu'elle était détenue à la Salpétrière, paroles qui n'iraient à rien moins qu'à réduire à néant les droits de la branche aînée des Valois de Saint-Remy. Ce respectable ecclésiastique était allé la voir. Elle raconte ainsi son entrevue avec lui : « Madame,
» me dit-il, je suis natif de Troyes, en Champagne, j'ai
» eu l'honneur de connaître la famille des Valois, que je
» respecte infiniment; je m'intéresse à tout ce qui peut la
» concerner. J'ai appris vos malheurs, et je m'empresse de
» vous offrir des consolations et des conseils. » Je lui dis alors que je ne devais point abuser de son erreur, si toutefois l'intérêt qu'il paraissait prendre à mon sort n'était que la suite de son attachement pour les Valois de Troyes en Champagne : « Puisque cette famille, ajoutai-je, est entière-
» ment étrangère à la mienne, et quoiqu'elle se dise aussi
» descendre des Valois qui ont occupé le trône de France,
» MM. Chérin et d'Hozier n'ont point voulu la reconnaître
» pour telle, les titres qu'elle a produits ne leur ayant point
» paru suffisamment authentiques (1). »

Ceci se passait vers le milieu de l'année 1786, alors que

---

(1) Vie de Jeanne de Saint-Remy de Valois. — Paris an Ier de la République française, tome II, page 121 et suiv.

depuis deux ans, c'est-à-dire, depuis le 10 août 1784,
M. Chérin, dans une généalogie particulière, avait établi
les droits des Valois de Troyes, la branche aînée de la famille. Il était presque impossible que Jeanne de Valois, alors
à Paris, ne le sût pas. Pour quelle raison donc voulait-elle
répudier toute parenté avec les Valois de Troyes? Etait-ce
dans la crainte de ne pas recouvrer ou de partager avec eux
les biens de Fontette qu'elle réclamait depuis longtemps, ou
parce qu'elle espérait que moins intrigants qu'elle, et vivant
dans des positions modestes, ils ne se présenteraient pas
pour faire valoir leurs droits? C'était peut-être pour ces
deux raisons. Quoi qu'il en soit de ce dédain et de cette
mauvaise foi de la comtesse de La Motte, la branche aînée
des Valois de Saint-Remy, établie à Troyes, non-seulement
a fait ses preuves, mais elle a été reconnue d'origine royale
par Louis XVI, qui l'a d'abord pensionnée, puis renvoyée
en possession de ses biens de Fontette, en 1788; ensuite
par Louis XVIII et par Charles X, qui, n'ayant pu lui re-
donner ses biens patrimoniaux, de nouveau perdus à la révolution de 1789, par suite de l'anéantissement de ses titres de propriété brûlés, comme nous l'avons dit, en ont
pensionné les membres même au-delà de la révolution de
1830. De plus, le titre de comte, en échange de celui de
baron, a été donné à Nicolas Géraud de Valois, à l'époque
de la Restauration, en récompense de ses services militaires.

On pourrait se demander comment il se fait que le procès
de 1733 ne donne aux membres de la famille de Valois de
Saint-Remy que le nom de Saint-Remy tout court? Nous
répondrons avec M. de La Motte, qu'après l'assassinat de
Henri III, dernier roi de la branche des Valois, en 1589,
« les descendants de cette famille ancienne et déchue, crai-
» gnant de causer de l'ombrage à la maison régnante (celle
» de Bourbon), cessèrent d'en porter le nom et prirent
» celui de Saint-Remy, qu'ils portèrent jusqu'à ce que le
» père du baron de Valois (Nicolas-René, seigneur de Luz,

» vers 1700) eût repris le véritable nom de ses ancêtres;
» mais comme il passait sa vie à la campagne, il n'avait
» pas été reconnu à la cour (1). »

Ce que M. de La Motte dit de la famille des Valois de
Saint-Remy, en parlant seulement de la branche à laquelle
appartenait sa femme, Jeanne de Valois, peut s'appliquer
à toutes les branches. En effet, la branche aînée qui de
Fontette passa à Mesnil-Lettre, de Mesnil-Lettre à Montangon, et de Montangon à Troyes, a dû agir de même. Nous
avons voulu remonter le plus haut possible dans les registres des paroisses; mais l'absence de ces registres au-delà
de 1700, ne nous a pas permis de constater le fait. Nous
sommes sûr seulement que Pierre II de Valois de Saint-
Remy, le premier qui vint se fixer à Troyes, signe du nom
de VALOIS, le 26 novembre 1725, dans son acte de mariage.

M. le comte Beugnot et M. le comte de La Motte sem-
blent ne pas avoir connu la branche aînée et la branche cadette des Valois de Saint-Remy, dont les descendants, par
suite de la perte de leurs biens de Fontette, d'Essoyes et de
Verpillières, avaient quitté leur pays natal vers le milieu du
XVIIe siècle, pour se fixer dans d'autres localités du département de l'Aube, où ils exerçaient des professions regardées
alors comme roturières et vivaient de la vie la plus mo-
deste. Ce n'est qu'au mois de janvier 1784, nous l'avons
vu, que les de Valois de Troyes sortirent de leur obscurité.
A cette époque, le comte et la comtesse de La Motte étaient
déjà plongés dans leur vie d'intrigues, et à la veille de la
triste et malheureuse *Affaire du Collier*, puisque la première entrevue avec les joailliers eut lieu le 24 décembre 1784. Il n'est donc pas étonnant que le comte de La

---

(1) Mémoires inédits du comte de La Motte-Valois, sur sa vie et
son époque (1754-1830), publiés d'après le manuscrit autographe...
par Louis Lacour. — Paris, 1858, in-12, page 49.

Motte n'ait pas connu les autres branches de la famille de Valois. Quant au comte Beugnot, on s'explique plus difficilement son ignorance.

Il ne peut donc rester aucun doute sur la noblesse d'extraction de la Maison de Valois de Saint-Remy, et c'est appuyé sur les documents authentiques qui viennent d'être signalés, que nous allons dresser ces TABLETTES GÉNÉALOGIQUES.

La famille de Valois de Saint-Remy, ou de Saint-Remy de Valois, ainsi que signaient indistinctement ses membres, commence vers 1556, et n'est plus représentée aujourd'hui que par la seule branche aînée dont il reste un héritier mâle. — C'est peut-être la seule famille, dirons-nous en terminant, qui, en empruntant les ancêtres de Henri II, roi de France, dont nous avons vu qu'elle descend, remonte dans l'histoire à la plus haute antiquité. En effet, par une suite non interrompue de documents authentiques, nous arrivons d'abord jusqu'à Hugues Capet, et ensuite à Saint-Arnoul, de race noble parmi les Francs, né vers la fin du vi⁰ siècle. L'*Art de vérifier les dates,* qui donne les preuves de la généalogie de Hugues Capet, tome I⁰ʳ, page 566, ne laisse aucun doute à ce sujet. Placé au point de vue de cette antiquité exceptionnelle et probablement unique, d'une famille encore existante depuis treize cents ans, nous avons cru le fait assez intéressant pour le mettre en lumière.

Troyes, le 15 novembre 1867.

———

GÉNÉALOGIE DES VALOIS DE SAINT-REMY

Première Branche, ou Branche aînée.

I. — HENRI II, roi de France, de la branche des Valois-Angoulême, aima une dame de la cour, Nicole de Savigny, baronne de Saint-Remy, qualifiée dame de Fontette, de Noé, de Beauvoir, du Châtellier, etc. Il eut d'elle le fils qui suit :

II. — HENRI Ier DE VALOIS DE SAINT-REMY, Monsieur, naquit à Paris avant 1558. Sa mère, Nicole de Savigny, qui se maria depuis avec Jean de Ville, chevalier de l'ordre du Roi, fit son testament le 12 janvier 1590, dans lequel elle déclare que le roi Henri II lui avait donné en 1558, pour son fils Henri, Monsieur, une dot de 30,000 écus sol. — Henri III, fils et successeur de Henri II, par lettres du 13 février 1577, lui fit payer cette somme par son exprès commandement, et elle en donna quittance le 26 du même mois. — Henri de Saint-Remy, qualifié haut et puissant seigneur, chevalier, baron de Fontette, seigneur de Noé, de Beauvoir, du Châtellier, etc., chevalier des ordres du Roi, fut gentilhomme ordinaire de sa chambre, colonel d'un régiment de cavalerie et de gens de pied, gouverneur de Châteauvillain. Il mourut à Paris, le 14 février 1621, et fut inhumé à l'église Saint-Sulpice, sa paroisse. Il avait épousé, par contrat du 31 octobre 1590, passé à Essoyes, haute et puissante dame Chrétienne ou Christine de Luz, veuve de Claude de Franay, seigneur de Louppy, chevalier de l'ordre du Roi, laquelle mourut le 22 avril 1636 et fut inhumée dans l'église de Saint-Corneille et de Saint-Cyprien, de Fontette, devant le grand-autel. — Henri, Monsieur, en eut quatre fils et une fille : 1° Denis de Valois de Saint-Remy, chevalier, seigneur, baron de Fontette, dont l'existence nous est révélée par M. l'abbé Caulin, dans son ouvrage intitulé : *Quelques seigneuries au Vallage et en Champagne propre*. Troyes, 1867, in-8°, p. 241, où nous lisons : « Denis de Saint-Remy, chevalier, seigneur, baron de Fontette, fils et héritier, sous bénéfice d'inventaire, d'Henri Ier et de Christine, aliéna en 1612 (lisez 1621), le fief de Montricon et ensemble le bois des Ménissons. » Ce fief et ce bois relevaient de la seigneurie d'Eclance; — 2° François Ier de Valois de Saint-Remy, écuyer, seigneur de Fontette et de Saint-Bazoille, marié à demoiselle Marguerite de Mauléon, le 2 avril 1625, mort sans postérité avant le 29 octobre 1661; — 3° René Ier de Valois de Saint-Remy, qui suit : — 4° Jacques Ier de Valois de Saint-Remy, né à Fontette, le 12 août 1599, dont nous ne savons rien de plus; — et 5° Marie-Marguerite de Valois de Saint-Remy, que nous trouvons marraine de Pierre-Jean de Valois de Saint-Remy, son neveu, dans l'extrait baptistaire de celui-ci, le 19 octobre 1653, mentionné au procès de 1733. Un autre document, manuscrit de la Bibliothèque impériale, nous apprend qu'elle fut mariée le 10 octobre 1621 à messire Joachim de Marron, écuyer, seigneur et baron de Cullé, gentilhomme de la chambre du Roi.

III. — René Ier de Valois de Saint-Remy, qualifié haut et puissant seigneur, chevalier, seigneur et baron de Fontette et d'Essoyes, gentilhomme ordinaire de la chambre du Roi, et capitaine de cent hommes d'armes, naquit à Fontette, en 1606, et mourut le 11 mars 1663. Il fut inhumé dans le chœur de l'église de Fontette. — Il avait épousé, par contrat du 25 avril 1636, passé à Essoyes, noble dame Jacquette de Brévot, dont il eut six enfants : 1° René II de

Valois de Saint-Remy, mestre de camp du régiment de Fontette et brigadier des armées du Roi, né et baptisé à Fontette, le 25 mars 1636 ; marié le 30 juillet 1666 à demoiselle Marie de La Mark ; mort sans postérité, à Paris, où il demeurait, paroisse Saint-Jean-en-Grève ; — 2° Henri II de Valois de Saint-Remy, écuyer, capitaine des armées du roi Louis XIV, né à Fontette et baptisé au même lieu, le 23 août 1637, marié à demoiselle Marie de Mulot, dame d'honneur de la reine Anne d'Autriche, tué dans les guerres de Hollande, sans postérité ; — 3° Remi de Valois de Saint-Remy, écuyer, capitaine de cavalerie au régiment de Villequier, qui se dit quelque part majeur le 13 mars 1663, et qui naquit par conséquent en mars 1638 ; marié à demoiselle de Colne ; tué au service du roi à la tête de sa compagnie, sans postérité ; — 4° Charles-François de Valois de Saint-Remy, écuyer, capitaine de cavalerie au régiment de Bellegarde, né à Fontette, le 13 février 1646, et baptisé le 19 octobre 1653, en l'église de Fontette ; marié à demoiselle..... d'Anglure ; mort sans postérité ; — 5° Pierre Ier de Valois de Saint-Remy, qui suit ; — 6° Pierre-Jean de Valois de Saint-Remy de Luz, tige de la branche des seigneurs de Luz.

IV. — Pierre Ier de Valois de Saint-Remy, chevalier, seigneur et baron de Fontette et d'Essoyes, naquit à Fontette, le 5 juillet 1648, et y fut baptisé le 19 octobre 1653, en même temps que ses frères Charles-François et Pierre-Jean. Il ne put servir le roi à cause de la difficulté qu'il avait à marcher, et c'est ce qui fut cause du procès intenté à son neveu en 1733, procès où l'on prétendait que Pierre de Saint-Remy n'était pas noble pour n'avoir point fait partie des armées du roi. — Marié à Jeanne Félix, en 1667, il en eut un fils, Thomas de Valois de Saint-Remy, qui suit. — Il mourut à Mesnil-Lettre, le 17 janvier 1694.

V. — Thomas de Valois de Saint-Remy naquit à Mesnil-Lettre, le 9 février 1668, et mourut à Montangon. — Il avait épousé dame Jeanne de la Vicq, dont il eut Pierre II, qui suit :

VI. — Pierre II de Valois de Saint-Remy naquit à Montangon, en 1689. Dans une position obscure par suite de la perte des biens de la famille, dont son père avait été victime, il fut réduit à l'état de manouvrier. De Montangon il vint se fixer à Troyes, où il épousa dans l'église Saint-Jean-au-Marché, de Troyes, le 26 novembre 1725, dame Jeanne Vincent, dont il eut pour enfants : 1° Angélique de Valois de Saint-Remy, née à Troyes le 5 août 1726, baptisée dans l'église Saint-Jean, le lendemain ; morte à Troyes ; — 2° François II de Valois de Saint-Remy, né à Troyes le 18 août 1730, baptisé à Saint-Jean le 19, officier du roi au régiment de Montmorin, mort après dix-huit ans de service à Cadillac, diocèse de Bordeaux, célibataire ; — 3° Marie de Valois de Saint-Remy, née et baptisée à Troyes, en l'église Saint-Jean, le 3 septembre 1732, morte le 8 juillet 1733 ; — 4° Jean-Géraud de Valois de Saint-Remy, qui suit ; — 5° Anne de Valois de Saint-Remy, née à Troyes le 2 mai 1736, baptisée le 3 dans l'église Saint-Jean, morte à Troyes ; — 6° Françoise de Valois de Saint-Remy, née à Troyes le 17 août 1738, baptisée dans l'église Saint-Jean le lendemain 18, morte le 14 août 1740 ; — 7° Nicolas-Henri de Valois de Saint-Remy, tige de la branche cadette. — Pierre II mourut à Troyes le 3 juin 1741.

VII. — Jean-Géraud de Valois de Saint-Remy, seigneur et baron de Fontette et Essoyes, naquit à Troyes le 13 juillet 1734. Il fut d'abord cordonnier, sur la paroisse Saint-Gilles de Troyes, profession qu'il exerçait lors de son mariage. Il épousa à Troyes, le 24 février 1756, demoiselle

Brigide Foignot. Plus tard, le roi Louis XVI le reçut à Versailles, et le confirma dans ses titres de noblesse par lettres-patentes de 1784, après avoir examiné les titres qui constataient sa descendance de Henri II, roi de France, par Henri de Saint-Remy, fils *légitimé* (le mot se trouve dans une pièce du temps) de Henri II, roi de France. Au mois de novembre de la même année 1784, une pension de 600 livres fut accordée à Jean-Géraud et à son épouse, sur la cassette du roi ; cette pension lui fut payée jusqu'à la Révolution par M. Harlan, receveur des Tailles, à Troyes, rue du Bourg-Neuf. Quelques mois plus tard, d'après un certificat de M. Chérin, généalogiste des Ordres du roi, en date du 10 août 1784, Sa Majesté accorda à Messire Jean-Géraud de Valois, chevalier baron de Saint-Remy, une pension de 1,000 livres de rente sur le Trésor royal. — Enfin, en 1788, Louis XVI le renvoya en possession des terres et baronnie de Fontette et d'Essoyes, comme provenant du chef de Nicole de Savigny, leur aïeule, ayant toujours depuis Henri, Monsieur, appartenu à la famille, mais se trouvant alors — nous ne savons comment — faire partie du domaine royal. — En 1789, au mois d'août, des bandes révolutionnaires firent une descente dans le château de Fontette, pillèrent, saccagèrent et brûlèrent tout ce qu'il y avait de plus précieux, surtout les papiers et les titres de la famille, ce qui fut constaté par un acte juridique. Brigide Foignot, femme de Jean-Géraud, n'avait pas assisté à ces horreurs ; elle etait morte à Fontette, le 9 janvier 1789.

En 1790, il se déroba aux fureurs de la Révolution en partant pour l'Italie, avec son fils Pierre-Géraud de Valois de Saint-Remy. — De son mariage sont issus onze enfants : 1° Edmée-Brigide de Valois de Saint-Remy, née à Troyes le 22 novembre 1756, morte à Troyes le 9 juillet 1757 ; — 2° Marguerite-Brigide de Valois de Saint-Remy, née à Troyes le 24 février 1758, morte à Troyes ; — 3° Charles Ier de Valois de Saint-Remy, qui suit ; — 4° Marie-Madeleine de Valois de Saint-Remy, née à Troyes le 9 août 1762, pensionnée par les rois Louis XVI, Louis XVIII et Charles X; morte à Saint-Martin-ès-Vignes, commune de Troyes, le 25 avril 1842; — 5° Nicolas-Jérôme (dit aussi Géraud), comte de Valois de Saint-Remy, né à Troyes le 16 octobre 1763, émigré avec les princes le 21 décembre 1791, ayant fait toutes les campagnes de 1792 au mois de juillet 1800, à l'armée du prince de Condé, dans les chasseurs nobles, avec le grade de capitaine; blessé à la jambe en 1793, à Berchtem; blessé encore à Kamlach, le 13 août 1796, d'un coup de feu qui lui traversa le corps; nommé comte de Valois, chef de bataillon et chevalier de l'Ordre royal et militaire de Saint-Louis, en récompense de ses glorieux services, le 18 avril 1816, pour tenir rang du 21 décembre 1813; pensionné par les rois Louis XVIII et Charles X, mort à Troyes le 9 janvier 1834; — 6° Pierre-Géraud de Valois de Saint-Remy, né à Troyes le 22 avril 1767; placé par le roi Louis XVI à l'abbaye de Saint-Denis, au mois d'août 1784, avec son frère Jean-Baptiste Laurent, dont nous parlerons plus bas, pour y faire ses études, et où il resta deux ans; tonsuré par Mgr l'archevêque de Paris, Le Clerc de Juigné; nommé en 1787, par le roi, à l'abbaye d'Honcourt, diocèse de Cambrai, devenue vacante par la mort de M. l'abbé de Siougeat, aumônier de Mesdames, tantes du roi; diacre en 1790; forcé de s'expatrier pour se soustraire à la persécution, ne voulant pas prêter le serment à la Constitution civile du clergé; parti avec son père, Jean-Géraud de Valois, pour Rome, où le pape Pie VI l'ordonna prêtre de sa main, et le nomma protonotaire apostolique; resté à Rome jusqu'au mois de février 1815; à son retour en France, nommé desservant de Vauchassis et de Bercenay-en-Othe (diocèse de Troyes), membre du Comité central d'Estissac; mort à Vauchassis, le 30 juillet 1829, regretté non-seulement de sa paroisse, dont il était le modèle par ses vertus, non-seulement des populations de l'Aube, mais encore des départements voisins qu'il avait comblés de ses bienfaits désintéressés en les soignant gratuitement dans leurs maladies et souvent en les guérissant, malgré les attaques incessantes du corps médical ; — 7° Edmée-Victoire de Valois de Saint-Remy, née à Troyes le 3 avril 1771 ; placée en 1785 à l'abbaye du Val-de-Grâce, à Paris, fondée par Anne d'Autriche, femme de Louis XIII, sur un fief appartenant à la famille de Valois ; mariée le 18 septembre 1806, à M. de Gissey, comte de Riolet, général à l'armée de Condé et chevalier de Saint-Louis ; décédée et inhumée à Vauchassis en 1818 ; — 8° Jean-Baptiste Laurent de Valois de Saint-Remy, né à Troyes le 10 avril 1776 ; mort à la suite de ses blessures au service du roi dans les chasseurs nobles à l'armée de Condé, même compagnie que le comte Nicolas-Géraud, son frère ; — 9° Etiennette-Thérèse de Valois de Saint-Remy, née à Troyes le 25 octobre 1778 ; pensionnée par les rois Louis XVIII et Charles X ; morte à Troyes le 5 mai 1854 ; — 10° Charles-Amand de Valois de Saint-Remy, né à Troyes le 7 février 1780 ; servit dans les armées de la République et de l'Empire ; capitaine au 3ᵉ bataillon, 3ᵉ compagnie du 29ᵉ régiment de ligne ; blessé grièvement à la tête et à la cuisse à la bataille de Wagram, le 6 juillet 1809, mort dix jours après des suites de sa blessure, à Vienne, en Autriche, le 26 juillet 1809 ; — 11° Nicolas-Remi de Valois de Saint-Remy, né à Troyes le 8 février 1782 ; servit avec ses frères Jean-Géraud et Jean-Baptiste-Laurent de Valois, dans les chasseurs nobles, à l'armée de Condé ; mort en émigration.

VIII. — Charles Iᵉʳ de Valois de Saint-Remy, chevalier, baron de Fontette et Essoyes, naquit à Troyes le 19 avril 1760. Il fut d'abord marchand-tanneur à Troyes, lorsqu'il épousa, dans l'église Saint-Frobert de Troyes, demoiselle Marie-Claude-Thérèse Michelin, le 10 octobre 1785. — En 1793, il fut incarcéré comme noble, et suspect par conséquent; resta en prison pendant treize mois, et ne dut d'échapper à l'échafaud qu'à la révolution du 9 thermidor, qui mit fin à la Terreur par la mort de Robespierre. Il mourut à Troyes, le 26 février 1830. De son mariage sont issus : 1° Edme-Henri de Valois de Saint-Remy, né à Troyes le 20 juillet 1786; fabricant de bas, à Saint-Martin, faubourg de Troyes, marié à Edmée-Françoise Hodenicq; père de Henri de Valois de Saint-Remy, né à Troyes, paroisse Saint-Martin, le 29 octobre 1819, mort en bas âge; servit dans les hussards de la Garde royale; mort sans postérité, à Paris, vers 1835 ; — 2° Elisabeth-Claudine de Valois de Saint-Remy, née à Troyes, en 1787, célibataire, morte à Troyes ; — 3° Adélaïde-Olympiade de Valois de Saint-Remy, née à Troyes, le 15 décembre 1791, célibataire, aujourd'hui vivante ; — 4° Charles-Amand de Valois de Saint-Remy, né à Troyes le 18 mai 1793; servit dans le second régiment des chasseurs à pied de la Garde royale; libéré pour cause de santé en 1823; mort à Troyes le 8 décembre 1862, célibataire, pensionné par le roi Charles X jusqu'en 1830; — 5° Marie-Madeleine de Valois de Saint-Remy, née à Troyes, le 29 fructidor an iii (15 septembre 1795), morte à Troyes, aux Faux-Fossés-Saint-Nicolas, le 25 brumaire an iv (16 novembre 1795); — 6° Marie-Sophie de Valois de Saint-Remy, née à Troyes le 10 avril 1797, célibataire, aujourd'hui vivante; — 7° Etienne-Melchior de Valois de Saint-Remy, qui suit :

IX. — ETIENNE-MELCHIOR DE VALOIS DE SAINT-REMY, baron de Fontette et Essoyes, naquit à Troyes le 5 avril 1801. Il est qualifié de *Gentilhomme* dans une pièce émanée du duc de Berry, datée du 6 juillet 1814, qui lui permet de porter la décoration de la *Fleur de lys*. Il entra dans l'administration de l'Enregistrement et des Domaines le 11 janvier 1826, et après avoir géré les bureaux de Noiretable (Loire), de Theil (Orne), de Pierrefitte et de Révigny (Meuse), de Longuyon (Moselle), de Bernay (Eure), de Douai et de Laon, il fut appelé à celui de Tours — Timbre extraordinaire — le 1er octobre 1855, et prit sa retraite en 1864. Il mourut le 3 avril 1867. — Il avait épousé, le 5 juillet 1838, demoiselle Louise-Adélaïde-Désirée d'Andrée de Breuil, fille de M. Charles d'Andrée de Breuil, directeur de l'Enregistrement et des Domaines à Troyes, où il est décédé en 1848, et de Désirée Herbin, veuve en premières noces du général Binot, tué à la bataille d'Eylau. — De ce mariage sont issus : 1° Charles III de Valois de Saint-Remy, mort en bas âge ; — 2° Émile de Valois de Saint-Remy, mort à l'âge de trois ans ; — 3° Marie-Caroline de Valois de Saint-Remy, née à Révigny le 19 février 1842, aujourd'hui dans l'instruction ; — 4° Henri III de Valois de Saint-Remy, mort en bas âge ; — 5° Louise-Sophie-Olivia de Valois de Saint-Remy, aujourd'hui dans l'instruction avec sa sœur Marie-Caroline ; — 6° Gustave de Valois de Saint-Remy, né à Troyes le 6 février 1848, militaire, engagé volontaire.

Deuxième Branche dite Branche cadette.

VII. — Nicolas-Henri de Valois de Saint-Remy, fils de Pierre II de Valois de Saint-Remy et de Jeanne Vincent, naquit à Troyes le 18 juillet 1740, et fut baptisé le lendemain dans l'église Saint-Jean de Troyes. Il servit d'abord le roi Louis XV pendant quatre ans, au régiment de Montmorin, infanterie, quitta le service après la campagne de Portugal, se maria à Troyes, où il exerça le métier de cordonnier, puis de presseur de toiles ; émigra en 1791, fit toutes les campagnes dans les chasseurs nobles de l'armée de Condé, comme capitaine, en même temps que ses deux neveux, le comte Pierre-Géraud de Valois de Saint-Remy et Jean-Baptiste-Laurent de Valois de Saint-Remy; fut nommé chevalier de Saint-Louis en récompense de ses services, et mourut à Maraye-en-Othe. — Il avait épousé, le 4 mai 1767, sur la paroisse Saint-Gilles de Troyes, Lucrèce Isselin. De ce mariage est issu le fils qui suit :

VIII. — Nicolas-Pierre de Valois de Saint-Remy, médecin à Maraye-en-Othe, naquit à Troyes le 21 avril 1775, et mourut à Maraye-en-Othe le 28 octobre 1823. Il avait épousé, en l'église de Saint-Martin-ès-Vignes, Thérèse Thevenot, le 5 prairial an IV (24 mai 1796). — De ce mariage sont issus sept enfants : 1° Juliette-Madeleine de Valois de Saint-Remy, née à Saint-Martin-ès-Vignes, célibataire, morte à Troyes le 23 janvier 1833 ; — 2° Thérèse-Félicité de Valois de Saint-Remy, née à Saint-Martin-ès-Vignes le 8 frimaire an X (29 novembre 1801), mariée à Troyes le 15 mai 1827 à Nicolas-Augustin d'Antessanty, décédé receveur principal des contributions indirectes, et entreposeur à Bar-sur-Aube, en 1866; morte à Troyes le 29 mars 1849 ; — 3° Charles II de Valois de Saint-Remy, né à Maraye-en-Othe en 1803; mort à Maraye, âgé de onze ans. — Les quatre autres enfants sont tous morts en bas âge.

Dans la personne de Charles II de Valois de Saint-Remy finit la branche cadette de cette Maison.

Troisième Branche dite des Seigneurs de Luz.

IV. — Pierre-Jean de Valois de Saint-Remy, qualifié de haut et puissant seigneur, chevalier, seigneur de Fontette et de Noé, seigneur de Luz, major du régiment de Bachevilliers, cavalerie, fils de René Ier de Valois de Saint-Remy et de noble dame Jacquette de Brévot, naquit à Fontette le 9 septembre 1649 et y fut baptisé le 19 octobre 1653, en même temps que ses frères Charles-François et Pierre. Il épousa en premières noces demoiselle Reine-Marguerite de Courtois, dont il n'eut point d'enfants, et en secondes noces, par contrat du 18 janvier 1673, passé à Saint-Aubin, diocèse de Toul, demoiselle Marie de Mulot, morte à Saint-Aubin le 20 décembre 1704, nièce de Marie de Mulot, femme de Henri II de Valois de Saint-Remy, son frère, fille de Paul de Mulot, écuyer, et de demoiselle Charlotte de Chaslus. La cérémonie du mariage eut lieu huit jours après, 26 janvier 1673. Il mourut avant le 4 mars 1714. — De son second mariage sont issus : 1° Barbe-Thérèse de Valois de Saint-Remy de Luz, née à Saint-Aubin-aux-Anges, vers 1675, dont nous ne connaissons rien ; — 2° Nicolas-René de Valois de Saint-Remy, qui suit :

V. — NICOLAS-RENÉ DE VALOIS DE SAINT-REMY, seigneur de Luz, naquit à Saint-Aubin-aux-Anges, diocèse de Toul, le 4 avril 1678. Il servit le roi pendant dix ans, en qualité de garde-du-corps de S. M. Louis XIV, dans la compagnie du duc de Charost ; quitta le service pour se marier ; épousa, par contrat du 4 mars 1714, demoiselle Marie-Elisabeth de Vienne, fille de Nicolas-François de Vienne, chevalier, seigneur et baron de Fontette en partie, de Noé et autres lieux, conseiller du Roi, président, lieutenant-général civil et criminel au bailliage de Bar-sur-Seine, et de dame Elisabeth de Mérille. La cérémonie eut lieu à Fontette, le 14 du même mois, 1714. Il mourut à Fontette le 3 octobre 1759, et fut inhumé au cimetière de l'église. — De son mariage sont issus : 1° Pierre-Nicolas-René de Valois de Saint-Remy, né à Fontette le 3 juin 1716, reçu en 1774 cadet gentilhomme dans le régiment de Grassin, après avoir fait ses preuves de noblesse le 2 mars de cette même année 1744. Il fut tué à la guerre, sans laisser de postérité ; — 2° Jacques II de Valois de Saint-Remy, qui suit :

VI. — JACQUES II DE VALOIS DE SAINT-REMY DE LUZ, appelé d'abord de Luz, et ensuite de Saint-Remy de Valois, qualifié chevalier, baron de Saint-Remy, naquit à Fontette le 22 décembre 1717. Dans son acte de baptême du 1ᵉʳ janvier 1718, son père, présent, est appelé et qualifié « messire Nicolas-René de Saint-Remy de Valois, baron de Saint-Remy, » et sa tante, qui fut sa marraine, y est appelée « demoiselle Barbe-Thérèse, fille de feu messire Pierre-Jean de Saint-Remy de Valois ; » l'un et l'autre y ont signé : Saint-Remy de Valois. Il épousa, dans la paroisse de Saint-Martin, de Langres, le 14 août 1755, Marie Jossel, dont il avait déjà un fils, Jacques, qui suit. — Il mourut à l'Hôtel-Dieu de Paris, après avoir dissipé toute sa fortune, le 16 février 1762. Son extrait mortuaire porte : « Jacques de Valois, chevalier, baron de Saint-Remy. » Outre son fils Jacques, de son mariage sont encore issues trois filles : 1° Jeanne de Saint-Remy de Valois, née à Fontette le 22 juillet 1756 ; placée d'abord au couvent des Ursulines de Ligny, ensuite à l'abbaye de Longchamps, avec sa sœur Marie-Anne, en 1778 ; mariée à M. le comte de La Motte en 1780, triste héroïne de l'*Affaire du Collier;* morte à Londres, le 23 août 1791 ; — 2° Marie-Anne de Saint-Remy de Valois, née et baptisée à Fontette le 2 octobre 1757; abandonnée par son père au moment où il partait pour Paris avec ses trois autres enfants, en 1761. — Son berceau fut suspendu à la fenêtre d'un paysan aisé de Fontette, qui en était le parrain, le nommé Durand, qui s'était rendu acquéreur d'une grande partie de la terre de Fontette par des moyens illégaux, d'après les *Mémoires de M. Lamotte;* réunie plus tard à sa sœur Jeanne, chez Mᵐᵉ de Boulainvilliers, à Passy, placée ensuite avec elle, d'abord à l'abbaye d'Hire, puis à l'abbaye de Longchamps le 30 mars 1778, d'où elle revint à Bar-sur-Aube avec sa sœur Jeanne. Toutes deux étaient pensionnaires du roi Louis XVI dès le mois décembre 1775; — 3° Marguerite-Anne de Saint-Remy de Valois, née à Fontette le 17 février 1759, morte à Paris, de la petite-vérole, vers 1775.

VII. — JACQUES III DE VALOIS DE SAINT-REMY, né à Langres le 25 février 1755, et baptisé le même jour dans l'église paroissiale de Saint-Pierre et Saint-Paul de Langres, fut reconnu et légitimé par son père et sa mère dans l'acte de célébration de leur mariage du 14 août de la même année 1755. Placé en pension à Bar-sur-Seine et admis plus tard à l'Ecole de marine, il fut lieutenant des vaisseaux du roi Louis XVI, commandant la frégate de S. M., la *Surveillante*, et mourut à l'île Bourbon, le 9 mai 1785, sans postérité. En lui s'éteignit la branche des seigneurs de Luz. Il fit ses preuves devant M. d'Hozier de Sérigny, juge d'armes de la noblesse de France, le 6 mai 1776. Il était pensionnaire du roi Louis XVI dès le mois de décembre 1775, et chevalier de Saint-Louis. -

Les différentes branches de la famille de Valois de Saint-Remy portent pour armes : *d'argent, à la fasce d'azur, chargée de trois fleurs de lys d'or.*

PIÈCES JUSTIFICATIVES

———

I

Procès en faveur de Nicolas-René de Saint-Remy.

Saluations aux contredits des habitans de Fontette. Signifié le dix-sept septembre 1733 que fournit par devant vous nos seigneurs de la Cour des Aydes

Messire Nicolas René de St Remy cheuallier fils de Pierre Jean de St Remy cheuallier qui estoit fils de René de St Remy ausy cher qui estoit pariellement fils de Henry ausy cher qui fut nommé de St Remy et qui etoit fils naturel de Henry 2. Roy de France et de Dame Nicole de Sauigny baronne de St Remy demandeur en oppotion et radiation de la cotte sur le rolle de taille de la paroïsse de Fontette

Contre Monsieur le Procureur general

Et contre les sindic des habitans et commenauté de la paroisse de Fontette deffendeurs.

Pour satisfaire à l'arrest de la Cour du 22 fevrier 1732 qui donne acte au sr de St Remy

Qu'il renonce a la preuue testimonialle s'en tient a la preuue literalle resultant de ses tiltres et que pour faire droit aux parties ordonne que la Cour verra les pieces.

Ensuitte il plaise à la Cour adjuger au sr de St Remy les conclusions qu'il a prises avec depens.

On auroit pu sans compromettre les interests du sr de St Remy se dispenser de repondre aux moyens qui ont ete opposez par les habitans pour soutenir l'imposition qu'ils ont faite du sr de St Remy a la taille et au contredit quil viennent de fournir contre la production du sr de St Remy quil a fait de ses titres de noblesse.

En effet il ne s'est peut estre jamais présenté une noblesse soutenue de tiltres ausy descisiues et ausy esclatants et une fil-

liation plus claire et mieux suiuie. Il est justiffié par des tiltres
que le s^r de St Remy produit que ses encestres ont remply les
postes les plus honorables de la Cour qu'ils ont merité par leur
fidellité et par leur valleur que nos roys leurs ayeuls leur ont
confiez les commendements de differents corps de trouppe et de
gouvernement de quelque place. Enfin on voit par ces tiltres ce
qui est tres important d'obseruer qu'ils ont été chevalliers des
ordres du Roy, honneur auquel il n'y a que la haute noblesse
qui puisse aspirer. Auec de tels auantages le s^r de St Remy auoit
il lieux d'apprehender quon ose attenter d'attaquer à sa no-
blesse; ausy ny eut il jamais une entreprise plus insensée; mais
que ne peut la vengeance de telles gens que les habitans de
Fontette.

Sy le s^r de St Remy n'auoit pas de creance a exercer contre
eux, s'il ne tenoit pas saisis les deniers de la vente des bois de
la commenauté qu'ils ont fait, on les verroit encorre aujour-
dhuy le respecter comme le successeur de leurs seig^{rs}, comme
l'ayant este luy mesme jusque en l'an 1720 qu'il a traité de la
partie de la seig^{rie} qui appartenoit à la dame de Vienne son espouse.

Tel est le principe de l'injure que les habitans de Fontette
font au s^r de St Remy, mais quils n'auroient sans doute osé soutenir en justice, s'ils nestoient annimez et soutenus par leur
seig^r.

Les moyens que les habitans ont opposé pour soutenir l'im-
positions qu'ils ont faite sur leurs rolles du s^r de St Remy, et
les contredits qu'ils ont fourny contre la production des tiltres
du s^r de St Remy, ne roulent que sur des principes erronez et
des faits ou faux ou indifférents. Il suffira de remettre les uns
sous les yeux de la Cour pour les faire proscrire et de rappeler
les autres pour en faire sentir l'illusion.

Premiere proposition :

Le sieur de St Remy ne peut se qualifier en remontant à son
auteur.

Seconde proposition :

Quand quelques uns des auteurs du s^r de St Remy auroient
pu prendre la qualité de noble, l'imposition dont est question
ne seroit pas moins valable.

Pour etablir le principe de ces deux oppositions les habitans
de Fontette disent que c'est une maxime reçuë dans nos usages

que la noblesse ne se présume pas et quiconque pretend avoir cet auantage il est obligé de le prouuer 2° que le laps du temps pendant lequel l'on a pris la qualité de noble ne peut en acquerir le tiltre et le droit, en sorte quil faut prouuer qu'on est noble d'extraction ou anobly par Lettre du prince ou par possession de charge auquel le grade est attaché parce que le sr de St Remy ne prouue point qu'il soit ete anobly ou qu'il ayt possedé des charges qui leurs ayt pu faire transmettre la noblesse a leur posterité; par consequent conclu les habitans de Fontette

Le sr de St Remy a été vallablement impossé.

Inutillement adjoutent les habitans de Fontette le sr de St Remy articule tille quil descend d'un fils naturel de Henry deux, parce qu'il ne suffit pas pour avoir la qualitté de noble d'estre fils naturel d'un de nos roy, mais qu'il faut des lettres de légitimation. Ainsy que le sr de St Remy ne rapportant point de lettre de legitimation accordée à Henry Mr de qui il descend, il ne peut se qualifier noble, parce que Henry Mr n'a pu transmettre la noblesse à sa posterite.

A lesgard du surplus de cette objection, il faut passer la plume dessus, cest pourquoy on se gardera bien de le relever.

SALUATION

Que la qualité de noble ne se presume pas; et qu'on soit obligé de prouuer quon a eté avantagé, la proposition generale est bonne parce que la distinction que la naissance procure n'est point du resort des droits de la nature qui sont communs à tous les hommes, mais en effet est une suitte de loix que nos souuerains ont establie ausquels il faut se conformer; mais avancer comme font les habitans de Fontette que cest une maxime égallement generale que laps de temps ne peut tenir lieu de tiltre, c'est une fausse proposition.

Il est certain que la possession dun bien et dun droit justiffié par laps de 100 ans fait presumer un tiltre, s'il ny en a un contraire : *possessio centenaria et vim tituli et juris constituti habet.* En effet, un laps de temps si considerable ne permet pas souuent de pouuoir rapporter des tiltres qui soient antérieurs, et ce seroit reduire à l'impossible une infinité de nobles surtous dans les prouinces qui ont eprouvé les rauages que les guerres ont causé dans le royaume; que les obliger ou de produire leurs anoblisement ou tiltre qui remontent aux temps qui ont precedé 100 ans. Cest pourquoy un homme recherché pour la qualité de noble qu'il pretend n'est obligé l'orsquil articule une noblesse d'estraction a autre chose, sinon de justifier que ses encestres prenoient 100 ans avant la qualité de noble, et que son pere et son ayeul n'ont fait d'acte derogeant. Telles sont nos maximes fondées en principe et sur les descisions et arest de la Cour.

Or le sieur de Saint-Remy articulle une noblesse d'estraction justifiée incontestablement :

1° Qu'il descend de Henry Mʳ de Sᵗ Remy qui estoit noble d'estraction ;

2° Que les descendants de Henry Mʳ ont toujours fait professions des armes, qu'on aura lieu dans la suitte de le faire voir, par consequent il doit jouir du privilege de noblesse ; enfin il nest permis qu'aux habitans de Fontette d'ignorer la difference quil faut faire entre les enfans naturels des souuerins et des princes qui sont legitimés d'avec ceux qui ne le sont pas ; il n'y a non plus qu'eux a qui il soit permis d'ignorer qu'avant l'édit de Henry 4 de l'année 1600 les enfans naturels des simples gentilshommes jouissoient des avantages de noblesse ; au surplus il est imprudent dans cette sorte de matieres de citer des exemples ainsy que la conséquence que les H. de F. ont tirée de ce que le sʳ de Sᵗ Remy ne rapporte pas les lettres de legitimation supposant que Henry Mʳ auroit pu obtenir pour pouuoir prendre la qualité de noble et pour pouuoir transmettre cette qualité à ces descendents. Cela part d'un faux principe, et ne mérite pas de sy arrester plus lon temps.

La premiere proposition des H. de F. est donc visiblement fause ; la seconde n'est ausy mieux prouuée ny plus juste. Les H. de F. disent que quand quelques autheurs du sʳ de Sᵗ Remy auroient droit de prendre la qualité de noble, le sʳ de Sᵗ Remy ne pouroit s'en prevaloir, et par cette raison que l'imposition qu'il ont faite de sa personne sur le rolle des taille de leur paroisse est valable ; cette proposition est fondée, dit-on, sur ce que René de Sᵗ Remy ayeul du sʳ de Saint Remy, que le sʳ de Sᵗ Remy ont fait des actes dérogeants ; voicy qui sont ces faits qn'ils sont ausy mal imaginez que faux.

Il y a environ 80 ans et plus, disent les H. de F., qu'un nommé Mille sergent se presenta pour saisir reellement la terre et seigʳⁱᵉ de F., dont René de Sᵗ Remy etoit proprietaire. René de Sᵗ Remy batty le sergent et lui coupa une oreille. René de Sᵗ Remy fut decreté de prise de corps, arest interuient et cette arest est encore entre les mains des descendens de ce sergent. Les H. de Fontette assurent que sy on conteste le fait, ils seront en estat de leuer l'arest. On adjoute que Pierre Jean de St Remy, pere de Nicolas René de St Remy, fut obligé de se retirer en Loreine et qu'il ny eut que Pierre de St Remy, oncle du sr de St Remy, qui resta à Fontette, mais que la declarations de 1690 pour la recherche de la noblesse estant suruenu, Pierre de St Remy n'ayant point seruy a larriere ban fut condamné à 2000 lt d'amande comme usurpateur de la noblesse. Ainsy concluent les habitans de F. le sr de St Remy n'a point du avancer que ses encestres n'ont point d'actes de desrogeances.

A legard des actes de desrogeances qui sont personnel à Nicolas René de St Remy, ils se réduisent à supposer *primo* qu'en 1717 il a maltraité a coup de bayonnette Nicolas Gauché, lequel apres avoir dit ou rendu plainte fut obligé d'abandonner ses poursuites à cause de son indigence 2°. quil a maltraité le curé de St Aubin qui luy deffendy la porte de l'Eglise de St Aubin, et on ajoute qu'il ne seroit pas avantageux au sr de St Remy qu'on esclercise ces derniers faits 3°. que le sr de St Remy a achepté en lannée 1730 des bois du sr Orceau qu'il a reuendu en detail, et que les habitans de Fontette offrent d'en faire la preuue et singulierement qu'il a vendu au nommé Berthelot charon des essieux et des hayes de charuë. Enfin on termine les faits de desrogeances qu'on oppose au sr de St Remy par obseruer que les autheurs du sr de St Remy n'ont point fait inserer leurs tiltres dans le registre des nobles qui fut fait du temps que M. de Caumartin Mre des Requestes estoit Commissaire departy dans la prouince de Champagne.

SALUATION.

On se renferme dans la denegation des faits de desrogence quon oppose parcequ'ils ne sont pas prouuez; mais quand on supposeroit contre la vérité que René de St Remy auroit maltraité et exedé un sergent quil vouloit saisir reellement sa terre et seigrie de Fontette, ce fait toujours reprehensible n'auroit pu donner lieu qu'a des justes dommages et interest en faveur de ce sergent et a des deffences qui auroient esté faites à René de St Remy de plus residiver, parce qu'il faut toujours respecter les ordres de la justice en quelques mains qu'ils se trouvent; mais supposer que l'arrest qui auroit adjugé des dommages et interest eut donné atteinte à la qualité de noble que René de St Rémy auoit et eut pu priuer sa postérité de cette avantage, c'est une ineptie. Ces sortes d'exces ne sont que trop frequents, c'est pourquoi nos legislateurs ont voulu les preuenir autant que la prudence humaine le permet en declarant par l'article 15 tiltre 2 des ajournements de l'ordonnance de 1667 que les exploits donnés aux fermiers aux juges procureur d'office et aux greffiers de ceux qui demeurent es chateaux et maison fortes vaudront comme fait à leurs propres personnes a moins qu'ils n'ayent fait election de domicille en la plus prochaine ville et fait enregistrer l'acte en la juridiction royale du lieux.

Larest qu'on suppose estre interuenu contre René de St Remy a ete justement condamné dans des dommages et interest qui ont été vraisemblablement le principe de la fortune du sergent et de ses descendens; mais cette arest nauroit pu avoir donné atteinte a la qualité de noble dont il jouissoit ny l'empêcher de transemettre cette qualité a sa posterité. A lesgard de la condamnation qu'on suppose ausy auoir été prononcée contre Pierre de Luz de St Remy, cinquieme fils d René de St Remy, le fait est visiblement faux. 1° Ce pretendu arest n'est point produit; 2° quand il y en auroit un, il ne pouroit être consideré que comme une surprise qui est demeurée sans executions et qui n'auroit pu luy prejudicier et a plus forte raison a ses collateraux. Il ne faut pour faire sentir l'ilussion de la pretendu condamnation qu'on suppose estre enoncée dans l'inventaire fait apres le decede de René de St Remy, pere de Pierre, que rappeler des alliances que les enfans de René ont prises et des employes militaires dans lesquels ils sont decedés. La grosse de l'inventaire fait apres le decede de René de St Remy est produite cotte H.

On voit par ce tiltre authentique 1° que le procureur fiscal du bailliage de Fontette requiere le bailly de Fontette qu'il fut procedé a l'inventaire et descriptions des biens de haut et puissant seigneur Mre René de St Remy etc.

2° Que du mariage de René de St Remy avec honorée Dame Jacquette de Breuot restoit six enfans masles au jour du decé de René de St Remy scauoir René second du nom, Hanry, Remy, Charles François, Pierre et Pierre Jean.

René second du nom a pris alliance dans la maison de la Marck, ce fait est justifié par une procuration que Jacquette de Breuot sa mere donna à Louis François duc de Villars et pair de France pour assister en son nom au contract de mariage de René pour la représenter, cette procuration est la dernière piece de la cotte H.

René second est decedé maistre de camp du Regiment de Fontette et brigadier des armées du Roy. Hanry 2eme fils de René premier a espousé Marie de Mulot qui etoit dame d'honneur de la Reine et avant veufue du baron de Mespas. Hanry a été tué dans les guerres de Holande. Remy troisieme fils de René premier a esté marié avec une demoiselle de la maison de Colne. Il a ete tuë a la teste d'une compagnie de caualerie du Regiment de Vilquers. Charles François quatrième fils de René premier a espousé une demoiselle de la maison d'Anglure et est decedé capitaine de cavalerie dans le regiment de Belgarde. Pierre 5eme fils de René Ier n'a point servy a cause de la dificulté quil auoit de marcher. Enfin Pierre Jean 6eme fils de René Ier pere de Nicolas René de St Remy partie a epousé Marie de Mulot nicce de Marie de Mulot qui auoit espousé en seconde noce Hanry 2eme fils de René premier. Pierre Jean est decedé major du regiment de Fontette cavalerie qui appartenoit à René 2eme du nom son frere aine.

Ce détail dans lequel on est entré de la posterité de René premier du nom, les alliances que les enfans de René premier ont prise, les emplois militaire qu'ils ont occupé destruiroient s'il etoit necessaire la pretendu condamnation quon suppose estre interuenue contre Pierre de St Remy 5me fils de René 1er et a lobservation peu reflechie quon fait sur ce que Pierre de St Remy n'a point seruy dans l'arriere ban tandis que les cinq freres estoient a la teste de compagnies ou de regiment de caualerie. Voyons maintenant quels sont les faits de derogeance qu'on oppose au sr de St Remy de son chef.

Le fait qui concerne Nicolas Gauché est non seulement indiferent mais il est faux. Celui qui regarde le curé de St Aubin est pareillement faux. Ledit sieur de St Remy n'a jamais eu d'autre demelée avec le curé qui vit encore ou dont le curé put desposer que pour la chasse, le sr de St Remy a fait tuer plusieurs fois ses chiens.

Le surplus du fait dont parlent les habitans de Fontette n'interesse pas le curé, mais un moine vicieux a qui on auroit a plus juste titre fermé la porte de l'Eglise qu'on ne suppose l'avoir été au sr de St Remy.

Enfin si le sr de St Remy a acquis en mil sept cens trente un arpent de bois du sr Orceau, il est faux que le sr de St Remy l'ait revandu a des ouvriers ou a d'autres personnes. Un fait incontestable est que ce bois n'estoit que de 15 a 16 ans et par cette raison il n'estoit propre qu'a bruler et c'est lusage que le sr de St Remy en a fait. A legard du bois de charonnage que le sr de St Remy a vendu a Berthelot charon il prouenoit de ces bois qui luy appartiennent. Voilà le fait que les habitans de Fontette prouueront sils le veulent, mais c'est s'arrester trop lon temps a des faits ou faux ou indifférents. Il est donc démontré que les auteurs du sr de St Remy et luy sr de St Remy, nont jamais fait aucune acte derogeants a noblesse, au contraire quils ont fait toujours professions des armes. Il ne reste plus maintenant qu'a faire voir que le sr de St Remy a prouué le fait de genealogies quil a articulé, et que les contredits quon a fourny contre les titres qu'il a produit ne meritent pas plus d'atentions que le moyen des habitans de Fontette quon vient de refuter.

Le premier fait qui est articulé est que Nicolas René de St Remy partie dans linstance est fils de Pierre Jean de St Remy et que Pierre Jean de St Remy a toujours prix la qualité de nobles et de cheuallier. La filiation de Nicolas René de St Remy avec Pierre Jean de St Remy est prouee

1° par l'extrait baptistaire de Nicolas René de St Remy. Cette extrait porte Nicolas René fils de Mre Pierre Jean de St Remy cheuallier seig{r} de Fontette et Noés et de dame Marie de Mulot son épouse est né le quatre apuril 1698 et baptisé le 12 dudit mois a été presenté sur les fonds par mesire Nicolas René d'Amoncour cheuallier seig{r} de la Tour major de la ville de Toul et dame Madelene Nicole de Comsy veuue de Mr le baron de Beaulieu. Cette extrait est rapporté en bonne forme et bien legalisé sous la cotte L.

2° par le contrac de mariage de Nicolas René de St Remy du 14 Mars 1714 avec damoiselle Marie Elisabeth de Vienne. Ce contrac porte : furent presents en leurs personnes Mre Nicolas René de St Remy, cheuallier seig{r} de Luz fils de deffunt Pierre Jean de St Remy et de dame Marie de Mulot. Ce contrac est ausy produit sous la cotte L.

A lesgard de la qualité de noble et de cheualier que Pierre Jean pere de Nicolas René de St Remy a toujours prise, ce point de fait est justifié 1° par lextrait baptistaire de Pierre Jean dans lequel il est qualifié fils de haut et puissant seig{r} Mre René de St Remy et dame Jacquette de Breuot. Cette extrait est produit cotte H.

2° par l'inventaire de René de St Remy pere de Pierre Jean dans lequel Pierre Jean et ses cinq freres sont qualifiés de messire et de cheuallier, cotte H.

3° par le contrac de mariage de Pierre Jean de St Remy avec D^{lle} Marie de Mulot du dix huict januier 1673 qui porte : furent presents en leurs personnes haut et puissant seigr Mre Pierre Jean de St Remy cheuallier seig^r de Noés et Fontette. Ce contrac est produit cotte I.

Le 2eme fait articulé par le s^r de St Remy est que Pierre Jean de St Remy son père est fils de René de St Remy a toujours pris la qualité de noble et de cheuallier.

Il est prouué que Pierre Jean de St Remy est fils de René de St Remy et de dame Jacquette de Breuot sa mère espouse de René de St Remy,

1° par l'extrait baptistaire de Pierre Jean de St Remy du dix neuf octobre 1653 conclu en ces termes : Le mesme jour Pierre Jean fils de haut et puissant seig^r René de St Remy baron de Fontette et de dame Jacquette de Breuot sa femme a esté nommé sur les fonds batismaux par Pierre Jean d'Ysoppe et damoiselle Marie de St Remy.

2° par la grosse de l'invantaire fait apres le decede de Mre René de St Remy son pere le 13 mars 1663. Sont ausy comparus, porte l'invantaire folio premier, Messire René, Henry, Remy, Charles François, Pierre, Pierre Jean de St Remy, cheuallier, etc.

3° par le contrac de mariage de Pierre Jean de St Remy dans lequel il est qualifié fils de deffund haut et puissant seigneur Mre René de St Remy cheuallier seig^r et baron de Fontette, Noés et Basoilles et autres lieux et de dame Jacquette de Breuo^t sa femme.

A l'esgard de la qualité de cheuallier de René de St Remy pere de Pierre Jean elle est justifiée 1° par les extraits baptistaires de trois de ces enfans dans lesquelle il est qualifié haut et puissant seig^r et baron etc.

2° par une sentence des requettes du palais du 9 juillet 1643 rendu sur production entre Mre René de St Remy, cheuallier seig^r de Fontette et Mre Emond de Rauenel cheuallier Marquis de la Sablonniere et de dame Anne Christienne de Luz sa femme dont on rendra un conte plus destaillé sur le fait suivant,

3° par des arest des 22 may 1631 et 23 feurier 1646 rendu au Parlement le 2e confirme la sentence du 9 juillet 1643.

4° par l'extrait mortuaire de René de St Remy qui porte le onze jours du mois de mars 1663 mourut en communion de l'Esglise haut et puissant seig^r Mre René de St Remy baron et seig^r de ce lieu et autres dont le corps fut inhumé au cœur de cette Eglise par moi soubsigné le 12 ensuitte dudit mois et ans et enfin par les pieces qui establissent le fait suiuant.

Le troisieme fait que le s^r de St Remy a articulé est que René de St Remy son ayeul est fils de Hanry Monsr de St Remy et que René de St Remy a toujours pris la qualité de noble et de cheuallier.

Quoyque le s^r de St Remy ne puisse rapporter l'extrait baptistaire de René de St Remy son ayeul parce qu'il ignore le lieu ou il a eté baptisé. Cependant le point de fait que René de St Remy est fils de Henry de St Remy n'est ny moins evident ny moins incontestable le s^r de St Remy produit un nombre considérable de tiltres autentiques qui constatent que Henry Monsr de St Remy a laissé de son mariage avec Christienne de Luz François et René de St Remy.

Cotte et paragraphe 25. — 1° le 27 octobre 1623 Christienne de Luz, venue de Henry Monsr de St Remy obtint une commissions en chancellerie pour faire assigner au Parlement Marie Le Mairat qui avoit fait saisir reellement la terre de Basoille tant en son nom porte la commission que comme se portant de René de St Remy son fils,

2° le 2 avril 1625 Christienne de Luz donna une procuration en qualité de veuue de Henry de St Remy cheuallier Baron de Fontette, Noés, et Beauuoir et mere de messire François de St Remy, cheuallier seig^r Baron, etc et messire Joachim de Marron, cheualier baron de Cullé pour la représenter au contrac de mariage de François de St Remy avec damoiselle Marguerite de Moléon fille de haut et puissant seig^r Gabriel de Guenest cheuallier des ordres du Roy, laquelle donne pouuoir, porte la procuration, et puissance pour elle en son nom assister en la convocation et assemblee pour le traité de mariage d'entre haut et puissant seig^r messire François de St Remy cheuallier seig^r baron de Fontette, Basoille, Noés, Bauuoir, fils ainé dudit deffund et delle.

Nouvelle production. — 3° Le 30 octobre 1630 François et René de St Remy obtiennent des lettres de benefice d'inventaire en qualité de fils et heritiers de Henry de St Remy : « A tous ceux qui ces presentes lettres verront salut. De nos amés, portent ces lettres, Mre François de St Remy, baron, et Mre René de St Remy, cheuallier de Fontette, nous est exposé qu'est arrivé le decedé de feu Henry de St Remy leur pere et d'autant qu'en ladite succession il se trouve plusieurs debtes, etc. Ce tiltre est cy concluant qu'il ne demande point de reflections. Ces lettres enterinées le 6 novembre 1630 au bailliage de Troyes dont la coutume regit la seigneurie de Fontette comme il est enoncé à la suitte du proces verbal de cette commenauté continué.

Cotte E paragraphe 29. — 4o le 22 may 1634 arest interuint au Parlement entre Christienne de Luz veuve de messire Henry de St-Remy de Fontette, Noés et Bauuoir François de St-Remy, René de St-Remy enfants heritiers par benefice d'inventaire dudit deffunt Baron de Fontette leur père seigr dudit Bauvoir d'une part et Mre Louis Largentier baron de Chapelaines, lieutenant général de Troyes d'autre part. La cour parties ouyes infirmant la sentence du bailliage de Troyes qui avoit adjugé la terre et seigneurie de Fontette et Noés au sr Largentier et ordonna qu'il seroit mises de nouuelles afiches et proceder a une nouuelle adjudication. — On verra dans un instant que cette arest est rappellé dans une autre dont on rendra compte.

5o Le 9 juillet 1643 sentence contradictoire interuint au requette du palais sur productions respectiues des parties entre René de St-Remy et Mre Emond de Rauenel cheuallier et marquis de Sablonniere et dame Anne Christienne de Sauigni son espouse. Cette sentence a esté confirmée par un arest egalement contradictoire rendu sur l'apel du marquis de Sablonniers le 23 feurier 1646. Ces deux tiltre sont dautant plus important quil prouue non seulement que René de St-Remy estoit fils de Henry de St-Remy mais encor que Henry de St-Remy est fils naturel de Nicolle de Sauigni.

Pour rendre plus sensible ces deux points de filliations prouués par ces jugemens, il faut rapeller quelques faits qui sont enterieurs a lannée 1643.

Cotte D. — Nicole de Sauigni avoit legué par son testament du 12 januier 1590 a Henry monsr de St-Remy son fils de tous ses meubles et acquest et le tiers de ses propres tant en France quen Lorraine et autres lieux pour s'acquitter envers luy de 30000 escus sol. que Henry second avoit donné a Henry de St-Remy son fils. Nicolle de Sauigny n'avoit point laissés d'enfants de son mariage avec Jean de Ville Baron de Fontette. Albert de Sauigny son neueu estoit son héritier quand au biens dont il navoit pu disposés.

Henry Monsr de St-Remy comblé de faveur sous le règne de Henry 3 avoit la générosité de ne point accepter le legs univer-

sel que Nicole de Sauigny sa mère lui avoit fait, mais les condi-
tions de son abstention auoient été qu'Albert de Sauigny, heritier presomptif de Nicole de Sauigny, payeroit les debtes de sa
succession. Ces conuentions auoient été rédigées dans une transaction faite en 1612 entre Henry Monsr de St-Remy et Maxi-
millien de Choisieul en qualité de fondé de procuration d'Albert
de Sauigny son gendre.

Malgré la transaction de 1612 quelques créanciers de Nicole
de Sauigny s'étoient adressé à Henry Monsr de St-Remy pour
estre payé de ce qu'il leur étoit deub. Henry Monsr avoit de-
noncé ces poursuittes a Albert de Sauigny et sentence estoit in-
teruenuë le 28 mars 1815 qui auoit ordonné l'exécution de la
transaction de 1612. En consequence qu'Albert de Sauigny
payeroit les dettes de la succession de Nicolle de Sauigny sa
tante. Pareilles poursuites furent fait en 1643 contre René de
St-Remy, fils de Henry Monsr de St-Remy, à la requette de Jean
d'Amon en qualité de creancier de Nicole de Sauigny. On voit
que le creancier auoit fait saisir les terres de René de St-Remy
le 6 janvier 1643. René de St-Remy denonça ces poursuites à
Mre Edmond de Rauenel, marquis de Sablonniers, et a dame Anne
Christienne de Sauigny son espouse, pour voir declarer execu-
toire contre eux la sentence du 28 mars 1615. Comme elle estoit contre Albert de Sauigny, leur pere et beau-père, Emond
de Rauenel marquis de Sablonniers et Anne Christienne de
Sauigny opposoient qu'ils ignoroient la sentence de 1615 et
quelques autres moyens ausy friuoles ; les parties furent apoin-
tés et par le jugement qui interuint, la sentence de 1615 fut de-
clarée exécutoire contre Emond de Rauenel et Anne Christienne
de Sauigny, comme elle estoit contre Albert de Sauigny. Voicy
en quels termes sont concues les qualités de la sentence :e ntre
Mre René de St-Remy cheuallier Baron de Fontette demandeur
au fin de l'exploit du 26 janvier 1633 et Mre Emond de Rauenel
chr, marquis de Sablonniers et dame Anne Christienne de Sauigny fille et héritier de Mre Albert de Sauigny deffendeur, sur ce
que le demandeur disoit que dame Nicole de Sauigny des dettes
de laquelle il estoit questions par son testament, institua Mre
Henry de St-Remy pere dudit demandeur son legataire et don-
nataire d'un tiers de ses anciens propres, etc.

Le surplus de fait dont on vient de rendre compte sont ensuitte énoncé dans la sentence. René de St-Remy y expose que
Henry de Saint-Remy son père n'avoit pas voulu se préualoir
de la qualité de legataire universel de Nicole de Sauigny contre

des heritiers legitimes. Et ailleurs que le S^r de St-Remy Henry n'avoit jamais eté heritier de laditte de Sauigny et ne le pourroit etre par la loy et ainsy dune infinité d'autres faits qui confirment la filiation de René et de Henry de St-Remy.

Il a donc esté jugé bien contradictoirement par la sentence de 1633 que René de St-Remy ne paieroit point les dettes de Nicole de Sauigny son ayeulle parce que Henry de St-Remy son pere auoit renoneé à la qualité de legataire universel de Nicole de Sauigny qui estoit sa mère au profit d'Albert de Sauigny neueu et heritier presomptif de Nicole de Sauigny. Emond de Rauenel et Anne Christienne de Sauigny sa femme interjetterent apel de cette sentence dans le cours du procès. Ils prirent des lettres de recision contre la transaction de 1612 et demanderent a faire preuue qu'en 1612 Albert de Sauigny estoit en demence; mais cette demande et les autres qu'ils formerent furent rejettées; l'arest du 23 feurier 1646 confirma la sentence avec amende et despens.

Les circonstances dans lesquelles ces deux jugements sont interuenus demontrent que René de St-Remy a toujours été connu pour fils de Henry Monsr. de St-Remy et petit-fils de Nicole de Sauigny. Si les faits n'eussent pas eté nottoires, les creanciers de Nicole de Sauigni ne se seroient point adressé à luy pour se faire payer de leur deub; René de St-Remy n'auroit point agy en recours de garentie contre les heritiers d'Albert de Sauigny sur le fondement de la transaction de 1612 et de la sentence de 1615. Enfin Emond de Rauenel et Anne de Sauigny qui connaissoient parfaitement l'estat de la famille de Henry M^r. n'auroient point procedé avec René de St-Remy en qualité d'héritiers de Henry de St-Remy. Il est donc incontestable que René de St-Remy est fils de Henry M^r. de St-Remy.

Production nouvelle — Enfin un tiltre dont on rendra encore compte parce qu'il justifie avec la mesme euidence que René de St-Remy est fils de Henry de St-Remy est un arest solennel rendu au Parlement sur productions des parties le 10 juillet 1649. Le nombre des parties entre qui il est interuenu et la qualité de leurs demandes forment autant de preuues de la filiation de René de St-Remy. Jean d'Amont qui avoit fait adjuger en 1633 les terres de Fontette et Noés par sentence du Bailliage de Troyes comme creancier de Nicole de Sauigny procedoit dans cette instance. Mre Louis Largentier lieutenant general au Bailliage de Troyes en faveur de qui les terres de Fontette et Noés avoient été adjugées deffendoit à la demande du S^r d'Amont

qui tendoit à ce que le sieur Largentier fut tenu à consigner
le prix de son adjudication quoyque la sentence adjudicatiue
des terres de Fontette et Noés eut eté infirmée par l'arest de
1634 dont on vient de rendre compte. René de St-Remy estoit
ausy partie dans l'instance,

1° Pour faire ordonné qu'il seroit procédé à une nouuelle
adjudication des terres de Fontette et Noés conformément à l'a-
rest de 1634 ; 2° pour faire condamner Emond de Rauenel, marquis de Sablonniers et Anne Christienne de Sauigny son espouse
de l'acquitter des condamnations que lesdits creanciers de Nicole de Sauigny pouuoient obtenir attendu que Henry son père
avoit renoncé au legs fait a son profit par Nicole de Sauigny sa
mère au profit d'Albert de Sauigny pere de la dame de Rauenel.

3° René de St-Remy estoit encor deffendeur avec Christienne
de Luz sa mere à l'appel comme d'abus que l'ordre de Malthe
auoit interjetté de deux décrests du Chapitre prouincial de l'ordre de Malthe prouince de Champagne qui auoient homologué
le bail amphiteotique que ledit Chapitre auoit fait au profit de
Henry de St-Remy en 1586 de parties des terres de Beauuoir et
de Fontette qui appartenoient a la Commanderie des Paillis.
Frère Charles de Vernes, ch^r^ de l'ordre de St-Jean de Jerusalem,
Procureur et Receveur dudit ordre au grand prieuré de Champagne estoit interuenu et appellant comme d'abus. Frère Jean
Vion de Tessancourt, ch^r^ de l'ordre de Jerusalem et Grand Prieur
de Champagne et frère Christophe Perrot ausy ch^r^ estoient ausy
interuenant et quelque autre personne de la première noblesse
de Champagne et c'est dans une instance ou un sy grand nombre de parties estoient interessées que René de St-Remy pro-
cede comme fils de Henry de St-Remy et de Christienne de Luz
et de petit-fils de Nicole de Sauigny, porte la qualité de l'arest
f° 2 R°, veuue de messire Henry de St-Remy, baron de Fontette
et ledit René de St-Remy fils et heritier dudit Henry deffendeurs.

Certainement cet arest doit estre regardé par rapport a la filiation de René de St Remy comme un acte de notorieté d'autant plus autentique qu'il est formé par la reconnaissance d'une
partie de la haute noblesse de Champagne. L'Ordre de Malthe se
plaint de l'alienation d'une partie des terres de Beauvoir et de
Fontette qui avoit été fait au profit de Henry de St Remy et c'est
a René de St Remy que le Grand Prieur de Champagne, le Procureur du Grand Prieur de la même prouince et le Comman-
deur des Paillis s'addressent, c'est René de St Remy que les

creanciers de Nicole de Sauigny attaquent comme fils et heritier de Henry et petit-fils de Nicole de Sauigny. René de St Remy denonce ces demandes a l'heritier d'Albert de Sauigny a qui les biens de Nicole de Sauigny avoient passé par l'abstention qu'Henry son fils avoit faite des legs universels dont Nicole de Sauigny sa mere l'auoit honoré. Enfin plusieurs personnes de la haute noblesse de la province de Champagne procedent ausy dans cette instance contre René de St Remy comme heritier de Henry de St Remy, seroit il possible apres des preuues si esclatantes de la filiation de René de St Remy et apres des reconnoissances si decisiues qui constatent qu'il estoit fils de Henry de St Remy de douter de ce point de fait. Non certainement; l'arest de 1649 forme un tiltre au dessus de toute critique; mais René de St Remy y en a joint un si grand nombre d'autres egallement concluans tels que des lettres de benefice d'inventaire et tels que des arests contradictoires qu'il est difficile de justifier plus clairement un point de fait que l'est la filiation de René de St Remy.

Apres le detail des tiltres dans lesquels on vient d'entrer, il est inutile de s'areter a prouuer que René de St Remy a toujours pris la qualité de noble et de cheuallier. Les sentenćes et les arest dont on a rendu compte, ces lettres de benefice d'inuentaire, son contrac de mariage dans lequel il est qualifié haut et puissant seigneur. baron de Fontette, Noés, Beauvoir et Basoille, les extraits baptistaires de ses enfans qui sont produits, son extrait mortuaire qui est produit, l'inventaire fait apres son decé, une infinité d'autres pieces constatent qu'il a toujours été qualifié haut et puissant seig[r].

Le quatrième fait articulé par le s[r] de St Remy est que Henry Monsr. de St Remy estoit fils naturel de Henry 2 roy de France et de Nicole de Sauigny et qu'il a toujours eu et pris la qualité de noble et de cheuallier.

Le fait de l'origine de Henry Monsr. de St Remy est de nature à ne pouuoir estre etably que par des presomptions ou des preuves indirectes; mais celles que le s[r] de St Remy raporte son sy concluantes qu'il n'est pas permis de disconuenir qu'il ne soit fils naturel de Henry deux et de Nicole de Sauigny.

On n'entrera point dans le nombre infini d'actes qui conduisent à prouver primo que Henry M[r]. est fils naturel de Henry deux Roy de France 2°. qu'il a toujours joui de la qualité de Cheuallier, on ne rappellera que quelques uns de ces actes auxquels on adjoutera quelques reflections.

Cotte D. — Nicolle de Sauigny reconnoist par son testament
1º. qu'elle a un fils qui ne porte point le nom du mary qu'elle
auoit espousé, mais le nom de Henry Mʳ.; qu'Henri 2 a donné a
ce fils 30000 escus sol. Presumera ton que dans un acte ausy
serieux qu'un testament fait dans la vue de la mort Nicole de
Sauigny qui avoit toujours été a la cour eut supposé avoir eu
un fils naturel de Henry et ait voulu laisser à la posterité la
preuue d'une chute telle que celle cy sy elle n'eust pas esté
obligée en conscience comme elle dit dans son testament de
rendre et de faire raison a son fils du don que le roy Henry 2
auoit fait a son fils.

3º. le nom de Henry et le surnom de Sᵗ Remy que Nicole de
Sauigny portait reuny par celuy de Monsieur joint aux 30000 escus sol que Henry 2 avoit donné a Henry Mʳ de Sᵗ Remy ne
laissent aucune esquiuoque sur son origine.

Mais ce qui leuerait jusque au moindre doute sur ce point de
fait s'il pouuoit y en avoir, c'est le rang qu'Henry Mʳ. de Sᵗ Remy a toujours tenu a la cour sous le regne de Henry 3 et de
Henry 4. En 1586 Henry 3 permit a Henry de Sᵗ Remy de leuer
une compagnie d'hommes d'armes. La Commission qui luy fut
expediée porte : a notre tres cher et bien aimé le Capitaine de
Sᵗ Remy.

En 1588 Henry Mʳ. de Saint Remy etoit cheuallier des ordres
du Roy, Gentilhomme ordinaire de sa Chambre et Gouverneur
de Chatel vilain.

En 1592 Henry Mʳ. de Sᵗ Remy epousa Christienne de Luz,
veuue de Mʳᵉ Claude du Frene, Chʳ. Cheuallier des ordres du
Roy et seigʳ de Loupy et autres lieux. Il prit dans son contrac
de mariage la qualité de Henry Mʳ de Sᵗ Remy, Cheuallier des
Ordres du Roy, Gentilhomme ordinaire de sa Chambre, Lieutenant de 50 hommes d'armes des ordonnances de sa Majesté,
Gouuerneur de Chateluilain, baron de Chastelier seigʳ de Fontette, Noés, et Beauuoir. Enfin dans une infinité d'actes plus
autentiques les uns que les autres tels que des transactions, des
contrac d'acquisitions et des ventes, des sentences, des arests
de Parlement, des testamens, Henry Mʳ. de Sᵗ Remy a toujours
esté qualifié de Cheuallier des Ordres du Roy, Gouuerneur de
place, Baron et seigʳ etc.

Tous ces actes prouuent avec evidence que Henry Mʳ de
Sᵗ Remy a toujours été connu à la cour pour fils naturel de
Henry 2 et personne ne s'imagine que sy Henry Mʳ de Sᵗ Remy
n'eut appartenu a Henry 2, Henry 3 ne l'eut tenu a la cour et

attaché auprès de sa personne, qu'il l'eut decoré du grade de Cheuallier de ses ordres qui n'apartenoit qu'a la haute noblesse dans le temps qu'il est prouvé par cens actes ausy publics qu'autentiques qu'il contractoit et qu'il se connaissoit pour fils naturel de Nicole de Sauigny.

Le quatrieme fait que le sr de St Remy a articulé est donc prouué aussy incontestablement que les precedens. Au surplus si le sr de St Remy n'eut pas eu en preuue evidente que Henry de St Remy est fils de Henry 2, il se seroit dispensé d'articuler la filiation de Henry, parce qu'il luy suffisoit de justifier que Henry Mr de St Remy dont il descend a toujours été qualifié de Messire et haut et puissant seigr sans remonter plus haut, parce qu'il se trouve plus de 150 ans depuis la date des pièces qui constatent que Henry Mr de St Remy a été Cheuallier des ordres du Roy. Dans cet etat la noblesse du sr de St Remy estant incontestable, l'imposition qui a esté faite de sa personne sur les roslles des tailles de la paroisse de Fontette est injuste et insoutenable, et par consequent les conclusions que le sr de St Remy prend luy doiuent estre adjugées. Il ne reste plus maintenant qu'a repondre au contredit que les habitans de Fontette ont fourny contre la production principalle du sr de St Remy, mais apres ce qui vient d'estre dit cette partie de la deffence du sr de St Remy s'explique en peu de parolles.

Cotte D. — Les habitants de Fontette opposent primo que le testament de Nicole de Sauigny ne prouue point que Henry Mr de St Remy fust fils naturel de Henry 2, qu'il faudroit que le sr de St Remy rapporte l'extrait baptistaire de Henry Mr de St Remy son bisayeul ou quelque acte par lequel Henry 2 l'eut reconnu pour son fils naturel ou enfin des lettres de legitimation.

SALUATION.

Les reflexions qu'on vient de faire repondent a ces objections. Le nom de Henry, le surnom de Mr les 30000 escus sol que Henry 2 lui avoit donné, les honneurs dont il jouy a la cour de Henry 3 sont des témoignages decisifs de son origine.

C'est une demande absurde d'exiger l'extrait baptistaire de Henry Mr de St Remy. Les raisons s'en présentent d'elles-mesmes. Il est pareillement absurde de demander des lettres de légitimation dans le temps qu'il ne s'agit que d'établir la qualité de noble de Henry Mr de St Remy, scavoir s'il a transmis cette qualité à sa postérité.

Cotte E. — 2º les habitans de Fontette disent que le nombre considérable de tiltres qu'on produit pour justifier que Henry Mr de St Remy a toujours joui de la qualité de noble ne prouue autre chose sinon l'usurpation qu'il auoit faite de cette qualité. Mais de pareils contredits ne meritent qu'un souuerain mespris. Les honneurs dont Henry Mr de St Remy a esté comblé sous le règne de Henry 3 et de Henry 4 répondent à la calomnie des habitans de Fontette.

Cotte F. — 3º les habitans de Fontette observent qu'il n'est point dit dans le contrac de mariage de Henry Monsr de qui il estoit fils, ce qui fait voir ajoutent ils que la qualité de haut et puissant seigneur, etc, qu'il prenoit estoit imaginee. Après ce qui vient d'estre dit il est inutile de s'arester à un pareil contredit.

Cotte G. — 4º les habitans de Fontette prétendent que les pieces que le sr de St Remy produit pour justifier que René de St Remy est fils de Henry de St Remy ne suffisent pas pour prouuer qu'il soit fils de Henry de St Remy.

SALUATION.

On ne s'est peut etre que trop etendu sur ce point de la Genealogie de René de St Remy. C'est pourquoy on ne reppettera point ce qui a esté dit a cet egard. Les tiltres que l'on ajoutera a ceux qui ont été déja produit sont si décisifs qu'il ne peut rester le moindre doute sur la certitude qu'il y a que René de St Remy n'ait été fils de Henry Monsr de St Remy.

A l'esgard des deux autres degrés suiuans, les habitans de Fontette conuiennent qu'ils sont parfaitement prouués, ainsy il seroit superflu de sarester aux contredits qu'ils fournissent contre les pieces qui regardent ces degrés.

Pour ces raisons et autres qu'il plaira à la cour de supléer par sa prudence ordinaire et par ses lumieres superieures, le sr de St Remy persiste dans ses conclusions avec depend qu'il requiert. — Signé : Religi Gondouxns.

Le 12 aoust 1735 signifié et pareille copie à Mr le Procureur General en parlant à M. Simon son secretaire et à Maistre Singet procureur. Lauinay.

II

Mémoire produit en faveur de la Branche aînée.

*Mémoire Généalogique sur la maison de Saint Remy de Valois,
issue du fils naturel que Henri deux, Roi de France eut de
Nicole de Savigny Dame et Baronne de Saint Remi.*

HENRI DEUX ROI DE FRANCE, eut de Nicole de Savigny, Henri
de St Remy de Valois, qui fut la dite Nicole de Savigny, qualifiée de haute et puissante Dame de St Remy, de Fontette, du Cha-
telier, de Noé et Essoiye et Bovoir. Elle épousa Jean Deville
Chevalier de l'ordre du Roi et fit son testament le 12 janvier
1590 ou elle déclare que le feu Henri deux avait donné à son
fils Henri Monsieur une dote de Trente mille écus, somme
qu'elle déclare avoir reçue en 1558.

ARTICLE 1er.

Henri de St Remy de Valois, appellé Henri Monsieur, qualifié
de Haut et Puissant Seigneur et il fut grand Prieur de France
Gouverneur de Provence Chevalier Seigneur et Baron de Fontette, Noé et Essoiye et Bovoir, Chevalier de l'ordre du Roi et
Gentilhomme ordinaire de la chambre du Roi Henri trois Colonel d'un Régiment de Cavalerie et gens de pied et Gouverneur de Chateau Vilain,

Epousa par contrat de Mariage du 31 octobre 1590 passé à
Essoye en Champagne Dame Chrétienne De Luz qualifiée de
haute et Puissante Dame Veuve de Glaude du Frenoy, Seigneur
de Louppy, Chevalier de l'ordre du Roi et fille d'honoré Seigneur Jacques de Luz et de Dame Elisabeth Dufaiy Seigneur et
Dame de Bazoïlle et mourut à Aix en Provence le 14 fevrier
1621 et eut de son mariage le fils qui suit.

ART. 2.

Réné de St Remy de Valois, qualifié de haut et Puissant Seigneur, Chevalier Seigneur et Baron de Fontette et Essoye gentilhomme ordinaire de la Chambre du Roi et Capitaine de cent
homme d'armes, fils légitime de haut et puissant Seigneur
Henri de St Remy de Valois et de Dame Chrétienne de Luz,

épousa par contrat du 25 avril 1636 passé a Essoye en Champagne, Dame Jacquette de Brévôt dont-il eut entre autres le fils qui suit.

Aʀᴛ. 3.

Pierre de Sᵗ Remy de Valois fils légitime de haut et Puissant Seigneur Réné de Sᵗ Remy de Valois et de Dame Jacquette de Brévot naquit a Fontette en 1644 et mourut au Menil lettre Duché de Luxembourg le 17 janvier 1694 âgé de 50 ans et avait épousé Jeanne Felix dont il eut le fils quit suit.

Aʀᴛ. 4.

Thomas de Sᵗ Remy de Valois fils légitime de Pierre de Sᵗ Remy de Valois et de Dame Jeanne Felix, naquit le 9 fevrier 1668 au Menil lettre et mourut à Montangon Diocèse de Troyes, et avait épousé dame Jeanne de la Vic dont il eut le fils qui suit.

Aʀᴛ. 5.

Pierre de Sᵗ Remy de Valois fils légitime de Thomas de Sᵗ Remy de Valois et de Jeanne de la Vic naquit a Montangon en 1689 Epousa dans l'église de Sᵗ Jean de Troyes en 1725 Jeanne Vincent et mourut en 1741 et eut entre autres enfans le fils qui suit. /

Aʀᴛ. 6.

François de Sᵗ Remy de Valois naquit a Troyes en 1728 du légitime mariage de Pierre de Sᵗ Remy de Valois, et de Jeanne Vincent.

Servit le Roi l'espace de dix huit ans et mourut officier au régiment de Montmorin infenterie a Cadillac Diocèse de Bordeaux.

Jean Geraud de Sᵗ Remy de Valois naquit a Troyes du légitime Mariage de Pierre de Sᵗ Remy de Valois et de Jeanne Vincent en 1734 et épousa en 1756 Brigide Foignot et fut en 1784 reconnu et nommé par le vertueux Roi Louis Seize, Seigneur et Baron de Fontette et Essoye, mourut a Pise en Toscane pendant la Revolution et Bigide Foignot son épouse, mourut a Fontette en 1789.

Aʀᴛ. 7.

Charle de Sᵗ Remy de Valois Chevalier Baron de Fontette et Essoye fils légitime de Jean Geraud de Sᵗ Remy de Valois et de Dame Brigide Foignot naquit a Troyes le 20 avril 1760 ainé de dix enfans, et épousa en 1785 Demoiselle Marie Claude Thereze Michelin dont il a six enfans vivans 3 garçons et 3 filles.

Nicolas comte de Valois St Remy, Emigré ayant fait toutes les Campagnes a l'armée de Condé, de Présent, Chef de Bataillon Chevalier de l'ordre Royal et militaire de St Louis, né à Troyes en 1763 pensionné par le Roi. Pierre Geraud de St Remy de Valois né à Troyes en 1767 fait Prêtre par le Pape Pie VI a Rome et nommé Par Sa Sainteté Protonotaire Apostolique de Present déservant de Vocharsis et Bersenait.

Jean Baptiste Laurent de Valois St Remy né a Troyes en 1776 mort au service du Roi dans les corps noble a l'armée de Condé.

Charles Amand de Valois St Remy né à Troyes en 1779 mort au service avec le grade de capitaine.

Nicolas de St Remy de Valois né à Troyes en 1782.

FILLES.

Margueritte Brigitte de Valois St Remy née à Troyes en 1758
Marie Madeleine de Valois St Remy née à Troyes en . . 1762
    pensionnée par le Roi.
Edmée Victoire de Valois St Remy née à Troyes en . . . 1769

Veuve de Monsieur de Gissey Comte de Riolet général à l'armée de Condé et Chevalier de St Louis.

Etiennette Thereze de Valois St Remy née à Troyes en 1778 pensionnée par le Roi.

Certifié par Monsieur de Chérin Généalogiste de France, et des ordres du Roi.

A Paris le 10 Aout 1784.

Branche Cadette.

ART. 8.

Nicolas de Valois St Remy fils légitime de Pierre de Valois St Remy et de Jeanne Vincent né à Troyes en 1740 servit le Roi l'espace de 4 ans au régiment de Montmorin infenterie retiré du service par congé au retour de la campagne de Portugal émigré en 1791 ou il a fait toutes les campagnes dans les compagnies nobles de l'armée de Condé ; capitaine et Chevalier de St Louis mort a Marayes en Othe et a un fils qui suit, de légitime mariage.

Pierre Nicolas de Valois St Remy, Medecin a Marayes en Othe Pensionné par le Roi.

III

Preuves en faveur de la Branche des seigneurs de Luz.

Comme le *Mémoire sur la Maison de Saint-Remy de Valois* (Branche des seigneurs de Luz), a été imprimée plusieurs fois, nous rappelons seulement ici qu'on peut le trouver page 423, tome 2 du livre intitulé : *Vie de Jeanne de St Remy de Valois*, Paris, Garnery, l'an premier de la République Française; in-8º — et dans l'un des Mémoires relatifs à l'*Affaire du Collier*.

IV

Copie d'une Note écrite de la main du Baron de Valois de St Remy, et portant le cachet du Tribunal civil de Troyes.

En mil sept cent quatre vingt huit, sa Majesté Louis seize a rendu à Messire Jean Geraud de Valois St Remy, notre père, les terres portant le titre de Seigneurie et Baronnie de Fontette et Essoies, pour en jouir comme provenant du patrimoine de haute et puissante Dame Nicole de Savigny, Dame et Baronne de St Remy, de Fontette, ayant les seigneuries d'Essoies, Noé et Beauvoir, notre aïeule mère, tous ces biens ayant appartenu à nos ancêtres, et qui par la suite se sont trouvés faire partie du domaine du Roi. Au mois de Juillet 1788, nous y faisions notre résidence. Le 9 Janvier 1789, notre chère mère y est décédée.

Mais après la prise de la Bastille, au moment de la grande effervescence où l'on ne parlait que d'assassiner les nobles, un attroupement d'assassins est venu nous y attaquer, disant qu'il fallait détruire toute la noblesse, nous n'avons échappé à leur fureur que par la proximité du bois et à l'aide de quelques vertueux paysans.

Les brigands ont pillé tout ce qui nous appartenait. Le plus précieux étaient nos titres et papiers de famille qu'ils ont brulés. Nous ne nous en sommes consolés que dans l'espoir que nous avions de les retrouver chez Monsieur Chérin, Généalogiste, à qui il était resté le double de tous nos titres.

Mais pendant l'émigration nous avons appris à l'armée de Condé, où nous étions, que les Vandales de 1793 ont brulé tous les titres de noblesse qui étaient déposés aux Grands-Augustins, à Paris, ce qui nous a causé et nous cause encore beaucoup de chagrin.

(Ici est le cachet du Tribunal civil de Troyes.)

V

Brevet de décoration en faveur d'Etienne Melchior de Valois de St-Remy.

D'après les ordres de son Altesse royale Monseigneur le duc de Berry, il est permis à Monsieur Etienne Melchior de Valois, gentilhomme, de porter la décoration de la Fleur de Lys.

Signé : Chevalier de Fontane-St-Lot, secrétaire général.

Paris, le 6 juillet 1814.

(Extrait des Mémoires de la Société Académique de l'Aube. — Tome XXXI, 1867.)

TABLEAU GÉNÉALOGIQUE DE LA MAISON DE VALOIS DE SAINT-REMY

DEPUIS 1556 JUSQU'A NOS JOURS

1. HENRI II, Roi de France,
a de Nicole DE SAVIGNY, baronne DE SAINT-REMY, etc.

2. HENRI 1er DE VALOIS DE SAINT-REMY, MONSIEUR,
Chevalier, baron de Fontette, seigneur de Noé, etc.,
époux de Chrétienne DU LUZ.

3.
- DENIS DE VALOIS DE St-REMY — Chevalier, seigneur, baron de Fontette.
- FRANÇOIS 1er DE VALOIS DE St-REMY — Écuyer, seigneur de Fontette, époux de Marguerite DE MARLBOS, sans postérité.
- RENÉ 1er DE VALOIS DE St-REMY — Chevalier, seigneur et baron de Fontette, époux de Jacquette DE BOZVOT.
- JACQUES 1er DE VALOIS DE St-REMY — Chevalier, célibataire.
- MARIE-MARGUERITE DE VALOIS DE St-REMY — Dame de Fontette et d'Essoyes, mariée à messire Joachim DE MAISON, écuyer, seig. et baron de Coffé.

4.
- RENÉ II DE VALOIS DE St-REMY — Mestre du camp du régiment de Fontette, marié à demoiselle DE LA MARDER, sans postérité.
- HENRI II DE VALOIS DE St-REMY — Écuyer, capitaine des armées du roi, marié à demoiselle Marie DE MELOT, sans postérité.
- REMY DE VALOIS DE St-REMY — Écuyer, capitaine de cavalerie, marié à demoiselle DE CALXY, sans postérité.
- CHARLES-FRANÇOIS DE VALOIS DE St-REMY — Écuyer, capitaine de cavalerie, marié à D** .... d'Angiure, sans postérité.
- PIERRE 1er DE VALOIS DE St-REMY — Chevalier, seigneur et baron de Vinnette et d'Essoyes, marié à demoiselle Jeanne FILLE.
- PIERRE-JEAN DE VALOIS DE St-REMY — Seigneur de Luz, marié, 1° à Dlle Reine-Marguerite DE COURTOIS, 2° à Dlle Marie DE MELOT.

5.
- THOMAS DE VALOIS DE St-REMY — Chevalier, seigneur et baron de Fontette et d'Essoyes, marié à demoiselle Jeanne DE LA VICQ.
- NICOLAS-RENÉ DE VALOIS DE St-REMY — Seigneur de Luz, marié à demoiselle Marie-Élisabeth DE VINCEY.
- BARBE-THÉRÈSE DE VALOIS DE St-REMY — Célibataire.

6.
- PIERRE II DE VALOIS DE St-REMY — Chevalier, seigneur et baron de Vinnette et d'Essoyes, marié à demoiselle Jeanne VINCENT.
- PIERRE-NICOLAS-RENÉ DE VALOIS DE St-REMY — Seigneur de Luz, tué au service du roi.
- JACQUES II DE VALOIS DE St-REMY — Seigneur de Luz, chevalier, baron, marié à demoiselle Marie JOSABLLE.

7.
- ANGÉLIQUE DE VALOIS DE St-REMY — Célibataire.
- FRANÇOIS II DE VALOIS DE St-REMY — Officier du roi, célibataire.
- MARIE DE VALOIS DE St-REMY — Morte à dix mois.
- JEAN-GÉRAUD DE VALOIS DE St-REMY — Seigneur et baron de Fontette et Essoyes, marié à demoiselle Brigitte PERCENT.
- ANNE DE VALOIS DE St-REMY — Célibataire.
- FRANÇOISE DE VALOIS DE St-REMY — Célibataire.
- NICOLAS-HENRI DE VALOIS DE St-REMY — Capitaine à l'armée de Condé, émigré, marié à demoiselle Laurence ISSELLE.
- JACQUES III DE VALOIS DE St-REMY — Lieutenant des vaisseaux du roi, célibataire.
- JEANNE DE VALOIS DE St-REMY — Épouse du comte de LA MOTTE.
- MARIE-ANNE DE VALOIS DE St-REMY — Célibataire.
- MARGUERITE-ANNE DE VALOIS DE St-REMY — Célibataire.

8. (branche Nicolas-Henri) NICOLAS-PIERRE DE VALOIS DE St-REMY — Médecin à Moraye-en-Othe, marié à demoiselle Thérèse THÉVENOT.

9. (branche Nicolas-Pierre)
- MADELEINE-JULIETTE DE VALOIS DE St-REMY — Célibataire.
- THÉRÈSE-FÉLICITÉ DE VALOIS DE St-REMY — Mariée à Nicolas-Augustin D'ANTHENAISE.
- CHARLES II DE VALOIS DE St-REMY — Mort à l'âge de onze ans.

8.
- EDMÉE-BRIGIDE DE VALOIS DE St-REMY — Morte à neuf mois.
- MARGUERITE-BRIGIDE DE VALOIS DE St-REMY — Célibataire.
- CHARLES 1er DE VALOIS DE St-REMY — Baron de Fontette, marié à Marie-Claude-Thérèse MICHELIN.
- MARIE-MADELEINE DE VALOIS DE St-REMY — Célibataire.
- NICOLAS-JÉRÔME DE VALOIS DE St-REMY — Comte de Valois de St-Remy, capitaine commandant à l'armée de Condé, émigré, célibataire.
- PIERRE-GÉRAUD DE VALOIS DE St-REMY — Protonotaire apostolique, curé de Vauchassis.
- RENÉE-VICTOIRE DE VALOIS DE St-REMY — Épouse de M. DE GOMERY, comte DE RIOLET, maréchal-de-camp à l'armée de Condé.
- JEAN-BAPTISTE-LAURENT DE VALOIS DE St-REMY — Mort à l'armée de Condé, émigré.
- ÉTIENNETTE-THÉRÈSE DE VALOIS DE St-REMY — Célibataire.
- CHARLES-AMAND DE VALOIS DE St-REMY — Capitaine de l'Empire, tué à la bataille de Wagram, célibataire.
- NICOLAS-REMY DE VALOIS DE St-REMY — Mort en émigration, célibataire.

9.
- ESME-HENRI DE VALOIS DE St-REMY — Hussard de la Garde royale, marié; sans postérité.
- ÉLISABETH-CLAUDINE DE VALOIS DE St-REMY — Célibataire.
- ADÉLAÏDE-OLYMPIADE DE VALOIS DE St-REMY — Célibataire.
- CHARLES-AMAND DE VALOIS DE St-REMY — Chasseur à pied dans la Garde royale, célibataire.
- MARIE-MADELEINE-VICTOIRE DE VALOIS DE St-REMY — Morte à deux mois.
- MARIE-SOPHIE DE VALOIS DE St-REMY — Célibataire.
- ÉTIENNE-MELCHIOR DE VALOIS DE St-REMY — Baron de Fontette, receveur des timbres, marié à Dlle Louise-Adélaïde-Désirée-d'Andrezel DE RIBELLE.

10.
- CHARLES III DE VALOIS DE St-REMY — Mort en bas âge.
- ÉMILE DE VALOIS DE St-REMY — Mort en bas âge.
- MARIE-CAROLINE DE VALOIS DE St-REMY — Vivante.
- HENRI III DE VALOIS DE St-REMY — Mort en bas âge.
- LOUISE-SOPHIE-OLIVIA DE VALOIS DE St-REMY — Vivante.
- GUSTAVE DE VALOIS DE St-REMY — Baron de Fontette, suivant les armes.